eBook inside

Die Zugangsinformationen zum eBook
finden Sie am Ende des Buchs.

Gerhard Schweppenhäuser

Adorno
und die Folgen

J. B. Metzler Verlag

Zum Autor
Gerhard Schweppenhäuser ist Professor für Design- und Medientheorie an
der TH Würzburg-Schweinfurt, Privatdozent für Philosophie an der Uni-
versität Kassel und Mitherausgeber der *Zeitschrift für kritische Theorie*. Er war
Visiting Professor an der Duke University und Professor für Ästhetik an der
Freien Universität Bozen.

Die Deutsche Nationalbibliothek verzeichnet diese Publikation in der
Deutschen Nationalbibliografie; detaillierte bibliografische Daten sind im
Internet über http://dnb.d-nb.de abrufbar.

ISBN 978-3-476-05821-8
ISBN 978-3-476-05822-5 (eBook)
https://doi.org/10.1007/978-3-476-05822-5

J. B. Metzler ist ein Imprint der eingetragenen Gesellschaft Springer-Verlag
GmbH, DE und ist ein Teil von Springer Nature.
Die Anschrift der Gesellschaft ist: Heidelberger Platz 3, 14197 Berlin,
Germany

Einbandgestaltung: ©Theodor W. Adorno Archiv, Frankfurt am Main
Typografisches Reihenkonzept: Tobias Wantzen, Bremen

J. B. Metzler, Stuttgart
© Springer-Verlag GmbH Deutschland, ein Teil von Springer Nature, 2021

Inhalt

Einleitung

Wer Adorno einen der komplexesten und facettenreichsten so-
zial- und kulturphilosophischen Denker des 20. Jahrhunderts
nennt, muss den Vorwurf der Übertreibung nicht fürchten.
Ein Grund für Adornos Wirkung ist die Breite seines Themen-
spektrums. Seine philosophische Gesellschafts- und Kultur-
theorie, seine Musikphilosophie und seine Beiträge zur analytischen Sozialpsychologie haben vielfältige Spiegelungen und
Anschlüsse gefunden. Sie haben auch zahlreiche Kontroversen
ausgelöst. Ein weiterer Grund ist performativ-stilistischer Art.
Adornos unverwechselbare Diktion wechselte souverän die Re-
gister: Transparenz, Fachkompetenz und traditionsgesättigte
Gelehrsamkeit plus (bisweilen polemische) Zuspitzung. Philosophische Schärfe der begrifflichen Konstruktion und ästhetische Freude an der Darstellung bildeten eine einzigartige Einheit.

Die Tradition aufklärerischer Kritik erprobte Adorno auch
an alltagskulturellen Themen: Unter dem Titel »Aberglaube aus
zweiter Hand« veröffentlichte er beispielsweise in den 1950er
Jahren eine ideologiekritische Untersuchung von Horoskopen
in Tageszeitungen. Seine pointierte Behandlung von gesell-

© Springer-Verlag GmbH Deutschland, ein Teil von Springer Nature 2021
G. Schweppenhäuser, *Adorno und die Folgen*, https://doi.org/10.1007/978-3-476-05822-5_1

schaftlichen Strukturen und Phänomenen des (Alltags-)Lebens macht seine Version kritischer Theorie, immer wieder aufs Neue, für Generationen von Leser:innen interessant. Dass sein Werk ein Teil des kulturellen Gedächtnisses geworden ist, dürfte auch daran liegen, dass es tief in der kulturellen und philosophischen Überlieferung verwurzelt und zugleich dem Gestus der radikalen Avantgarde verpflichtet ist. Kernthesen seiner Philosophie sind ins Bildungswissen eingegangen. Auf seine Vision eines eingedenkenden Naturverhältnisses beispielsweise (die Folie seiner Lesart des Endes der Faust-Tragödie) wird an prominenter Stelle in Reclams »Lektüreschlüssel« zu *Faust II* für die Schule verwiesen. Adornos mediale Präsenz zu Lebzeiten in Büchern, Zeitungen, Rundfunk und Fernsehen hat bewirkt, dass einige seiner Formulierungen als geflügelte Worte präsent sind. Wie jenes vom beschädigten Leben in der kapitalistischen Moderne aus den *Minima Moralia*: »Es gibt kein richtiges Leben im falschen.« (GS 4: 43) Oder die Warnung vor der Kulturbarbarei eines gedächtnisschwachen Literaturbetriebs im post-nationalsozialistischen Deutschland: »nach Auschwitz ein Gedicht zu schreiben, ist barbarisch« (GS 10: 30). Wirkungsgeschichtlich betrachtet, spielen einige Titel von Adornos Essays (»Bach gegen seine Liebhaber verteidigt«, »Erpreßte Versöhnung«, »Versuch, das Endspiel zu verstehen«) in einer Liga mit den legendären Buchtiteln von Peter Handke (*Publikumsbeschimpfung, Die Angst des Tormanns beim Elfmeter, Wunschloses Unglück*).

Kritische Gesellschaftstheorie hat bei Adorno eine besondere Form bekommen; sie ist innovativ, steht aber in der literarischen Tradition kritischer Aphoristik, die sich, so der Literaturwissenschaftler Magnus Klaue, als ›Sammlung erfahrungsgesättigter Lebensweisheit an alle Bürger gerichtet hat‹ (Klaue 2020: 210). Ein elementares Motiv, das Adorno in den *Minima Moralia* artikulierte, ist das Staunen und der Unmut darüber, dass Glück an soziale Privilegien gebunden ist. Bei Adorno geht es, wie die Philosophin Ruth Sonderegger formuliert, häufig »um eine Glückserfahrung, auf deren Basis das Ausmaß der Beschädigungen um das Glück herum überhaupt erst fassbar wird« (Sonderegger 2020: 97). Herrschaft, die auf ökonomischer Ungleichheit basiert, blockiert nicht nur den Zugang zu ungeschmälerter Glückserfahrung; sie verursacht Leiden. Dieses Motiv kommt, in der einen oder anderen Variation, auch in Adornos Essays zum Ausdruck. Ebenso in seinen großen musiktheoretischen und philosophischen Abhandlungen, etwa in der *Negativen Dialektik*: »Unwiderstehlich an der Musik des jungen Beethoven« sei »der Ausdruck der Möglichkeit, alles könne gut werden« (GS 6: 301). Mit den Augen eines jungen Menschen, mit denen Adorno zeitlebens in die Welt schauen konnte, hat er die Quintessenz von Shakespeares *Romeo und Julia* in einem Vortrag über »Kultur und Culture« so zusammengefasst: »›Es soll Glück sein, die Menschen sollen sich einander gewähren können, es soll erfüllt sein, es soll nicht verboten sein‹« (N Abt. V, I: 162). Vermutlich macht dieser kritische Hedonismus einen großen Teil der Faszination von Adornos Werk aus. Er schien »zu spüren, wie sehr man die Glückserfahrung braucht, um die Entfremdung als Entfremdung und nicht einfach nur als Normalität wahrnehmen zu können.« (Sonderegger 2020: 97; siehe auch Groß 2020).

Immanuel Kant hat zwischen dem Schulbegriff und dem Weltbegriff der Philosophie unterschieden. Mit dieser doppelten Optik zeigt sich: Die akademisch-schulbildende Auseinandersetzung mit Adornos Schriften bewegt sich heute auf einem differenzierten Niveau, und die außerakademisch-weltliche Aneignung der Werke des wohl bedeutendsten philosophischen Schriftstellers des 20. Jahrhunderts setzt sich in lebendigen, unterschiedlichen Formen fort. »Dass Adorno jenseits universitärer Zirkel vergessen ist, wie hier und da schon mal behauptet wurde, kann [...] nicht bestätigt werden«, meldete die *taz* am

3. September 2003, im Jubiläumsjahr, als an vielen Orten und in vielen Institutionen Adornos 100. Geburtstag gefeiert wurde: »Stattdessen ist von einer nachrichtlichen Rundumversorgung in Sachen Kritischer Gesellschaftstheorie zu sprechen.«

Als sich Adornos Tod im August 2019 zum 50. Mal jährte, hieß es in der *taz*, im Ton ähnlich ironisch wie 16 Jahre zuvor, aber ebenso beeindruckt:

> »>Adorno ist auf der Bestsellerliste‹, sagt die Frau zwei Tische weiter [...]. Der Mann, der einen Kapuzenpullover trägt, sieht sie irritiert an. ›Adorno, kennst du den? Total verkopft!‹, sagt die Frau. Der Mann lehnt sich zurück. ›Na, was denkst du, klar kenne ich Adorno. Total verkopft!‹«

Auf der Buch-Bestsellerliste stand 2019 tatsächlich eine Taschenbuch-Sonderausgabe von Adornos Wiener Vortrag über »Aspekte des neuen Rechtsradikalismus« aus dem Jahre 1967, die vom Hamburger Historiker Micheal Weiß klug kommentiert worden war.

Seriöser als der Artikel aus dem Blatt der Grün-Alternativen liest sich der online-Lexikonartikel des Philosophen Hans-Ernst Schiller auf der Plattform *socialnet*:

> »Wer Adornos Schriften studiert, wird ihn unschwer als Zeitgenossen kennenlernen. [...] Weder haben sich die Gegenstände seiner Untersuchungen grundlegend geändert, noch sind die theoretischen Probleme, mit denen Adorno beschäftigt war, obsolet geworden. Gewiss hat sich die moderne kapitalistische Gesellschaft weiterentwickelt [...]. Dennoch wird die Hauptthese der kritischen Sozialtheorie: die einer Verdichtung des gesellschaftlichen Funktionszusammenhangs im Zeichen der Warenproduktion (d.h. der Produktion von Tauschwert

und Profit) unter unseren Augen fort und fort bestätigt.«

(Schiller 2019)

Viele Aspekte von Adornos Zeitdiagnosen sind heute überraschend aktuell; gerade auch solche, die noch vor ein paar Jahren gern als veraltet abgetan wurden. Wenige Jahre nach Adornos Tod 1969 endete im Westen die Phase des fordistischen Klassenkompromisses. Im »Ostbereich« (wie Adorno zu sagen pflegte) ließ sich zwanzig Jahre später die Zwangsherrschaft nicht mehr aufrechterhalten, weil dem Staatssozialismus im Wettlauf auf dem Weltmarkt die technologische Puste ausgegangen war; der mikroelektronische Rückstand im militärisch-industriellen Bereich war nicht mehr aufzuholen. Der Zusammenbruch des autoritären Sozialismus öffnete weite Teile der Erde für das Regiment der Warenproduktion zu marktradikalen Konditionen.

Adorno pflegte von der ›verwalteten Welt‹ zu sprechen. Verwaltung gibt es bekanntlich auch im deregulierten Kapitalismus. Aber das, was Adorno adressierte, ist zunehmend brüchig geworden: die durchrationalisierte administrative Herrschaft. Doch es gibt nach wie vor eine Form der Herrschaft, die uns bis ins Innerste bestimmt, nämlich den Zwang, die eigene Arbeitskraft als Ware zu verkaufen. Freilich zu erheblich unsicheren Konditionen als jenen, die in Europa bis zur großen ökonomischen Krise von 1974 und noch ein paar Jahre darüber hinaus bestanden. Heute kommt hinzu, dass nicht nur die Anpreisung der eigenen Arbeitskraft, sondern auch die Artikulation der Bedürfnisse nach erotischen Beziehungen in einer Kommunikationsweise, die vollends warenförmig geworden ist, über entsprechende Plattformen vermarktet wird. Nach der ökonomischen Reproduktionstätigkeit ist heute auch die sexuelle weitgehend kommodifiziert (auch wenn es bei Dating-Apps und Partner-

börsen sehr häufig nur um die Präliminarien physischer Reproduktion geht und nicht um diese selbst).

Wenn heute die ›Mitte‹ der Bevölkerung in Deutschland und
anderen europäischen Ländern nach rechts rückt, wird die autoritäre Charakterdisposition, die Adorno in den späten 1940er
Jahren untersuchte, deutlich erkennbar. Die Aktualität von
Adornos Antisemitismustheorie ist erschreckend aktuell. In der
sozialwissenschaftlichen Forschung ist sie folgendermaßen resümiert worden:

»Der Antisemitismus als paranoides Weltdeutungssystem
wird [...] zum Ausdruck von destruktiven, irrationalen
Tendenzen der modernen Gesellschaft [...]. Nur durch die
Erkenntnis der modernen Vergesellschaftungs- und
Herrschaftsmodi ist [...] für Adorno der moderne Antisemitismus, der [...] alle perzipierten individuellen und
gesellschaftlichen Übel mit dem Bild von Juden als ›Gegen-
rasse‹ erkläre und auf deren Vernichtung ziele, als gesellschaftlicher Tatbestand in seinen Ursachen zu entschlüs-
seln.«   (Schulze Wessel/Rensmann 2003: 107)

Adorno zufolge ist Antisemitismus nicht zweckrational. Er ist
auch mehr als ein kognitiv zurückgebliebenes Aufbegehren gegen die vermeintliche wirtschaftliche Dominanz einer Bevölke-
rungsgruppe, und er ist nicht bloß ein begrenztes totalitäres
Herrschaftsmittel. Antisemitismus ist eine gewalttätige Manifestation des Scheiterns von Aufklärung in einer Zivilisation,
die den Individuen repressiv entgegentritt. Widerwillig geleis-
teter Triebverzicht schlägt um in Gewalttätigkeit; unterdrückte
innere Natur wendet sich destruktiv nach außen. Unterworfene,
die ihren Glücksanspruch vertagt sehen, vielleicht für immer,
phantasieren in wahnhafter Projektion ein Hassbild von privilegierten Individuen, die sich das nicht antun müssen, worunter

die Projizierenden leiden, ohne es sich einzugestehen. Autoritäre Herrscher fördern solche destruktiven Projektionen und machen sie sich zunutze.

Zur Zeit der Niederschrift dieser Zeilen beherrschen autoritärer ›Populismus‹ und Kulturindustrie noch immer eine ganze Weltmacht, auch wenn der Immobilienspekulant, der im kommerziellen Fernsehen populär geworden ist, nach vier Jahren als Präsident der USA mit knappem Ergebnis nicht wiedergewählt worden ist. Die Mischung aus Autoritarismus und Kulturindustrie ist in den USA beileibe nicht passé; in Brasilien bestimmt sie das politische Regierungshandeln. Soweit ist es in Mittel- und Südeuropa noch nicht überall, aber das Potential wächst. Und in der Bundesrepublik formierte sich auf den Straßen offener Widerstand gegen rationale, forschungsbasierte Maßnahmen zur Eindämmung einer Pandemie, gegen die es noch keinen allgemein zugänglichen medizinischen Schutz gab. Der Name, der sich für die gegenwärtige Phase eingebürgert hat, ist das ›postfaktische Zeitalter‹ bzw. in die *post-truth era*. Ihr Klima von autoritärer Herrschaft und der Ablehnung von Wissenschaft und Aufklärung ist ein aktuelles Indiz dafür, was Adorno und Horkheimer in der Mitte des 20. Jahrhunderts die »Dialektik der Aufklärung« genannt haben. Aufklärung als instrumentelle Rationalität mit ihrer Logik von Technik und Statistik tendiere dazu, in Mythologie umzuschlagen. An Mythen kann man glauben, aber sie entziehen sich der Prüfung durch kritische Vernunft. Die »Dialektik der Aufklärung« heißt demnach zu rekonstruieren, wie und wo die Vernunft bei der kritischen Reflexion auf sich selbst versagt.

Mit einer an Adorno geschulten Optik betrachtet, ist es nicht ohne ironischen Reiz, dass man die angelsächsische Rede von der *post-truth*-Ära auf gut deutsch »postfaktisches« Zeitalter nennt. Was auf Englisch die ›Epoche nach der *Wahrheit*‹ genannt wird, soll also die ›Epoche nach den Fakten‹ sein. Fakten sind

Tatsachen, aber keine unmittelbaren, sondern gemachte (lat. *facere* bedeutet ja u.a. machen, hervorbringen, erzeugen und schaffen). Nach Adorno sind Fakten gerade nicht die Wahrheit, sondern ein schlechter Ersatz für deren philosophische Idee. In der Ideologie des Szientismus sollen Fakten unerschütterliche Tatbestände liefern, an denen Verlässlichkeit messbarer und statistisch berechenbarer Daten hängt. Fakten, also zubereitete Daten und in Form gebrachte Tatsachen, sind aber noch keine Wahrheiten. Die Protokollsätze, die auf ihrer Grundlage festgehalten werden, sind nicht per se wahre Aussagen. Wenn an der Klage, dass Wahrheit in den *social media* ihren Geltungsanspruch verloren habe, etwas dran ist, dann nicht, weil in dieser Nachfolgegestalt der bürgerlichen Öffentlichkeit keine Fakten mehr geschaffen würden. Tatsachen oder Fakten sind der kritischen Theorie zufolge keine unmittelbaren Gegebenheiten, sondern Ergebnisse gesellschaftlicher Tätigkeit; und die Strukturen, in denen diese Tätigkeit stattfindet, sind durch Herrschaft vermittelt. Das gilt für Statistiken auf dem Arbeitsmarkt ebenso wie für die Form der freien Konkurrenz, die dieser Markt erschafft. Aber auch für Messergebnisse und sonstige Datenerhebungen auf naturwissenschaftlichem Gebiet: Diese kommen ja nicht dadurch zustande, dass aufmerksame Menschen offen in die Welt schauen, sondern dadurch, dass Kriterien und Standards dafür festgelegt wurden, was als Beobachtung im Sinne naturwissenschaftlicher Methodik gelten und in Experimenten überprüft werden darf, deren Form nach den Methoden-Paradigmen der jeweiligen *scientific community* definiert werden. Der Wissenschaftshistoriker Thomas Kuhn hat dies als Unterschied zwischen *Protowissenschaften* und *Normalwissenschaften* bezeichnet, der die *via moderna* der Neuzeit kennzeichnet.

Der Siegeszug der positivistischen Fakten-Ideologie hat die Legitimität der philosophischen Wahrheitsfrage unterminiert. Nach Aristoteles und Thomas von Aquin besteht das philosophische Kriterium für Wahrheit darin, dass die Begriffen den Sachverhalten angemessen sein müssen, über die man mit Hilfe der Begriffe Hilfe etwas aussagt. Nach Hegel und Marx ist das Kriterium aber darüber hinaus auch die Frage, ob gesellschaftlich produzierte Sachverhalte ihrem Begriff angemessen sind, oder ob sie dahinter zurückbleiben. Diese Wendung der Wahrheitsfrage ist die philosophische Basis kritischer Theorie. Aus ihrer Perspektive geht es darum, zu zeigen, »was wesentlich hinter der sich durchsetzenden Faktizität sich abspielt«, wenn »die sogenannten Fakten [...] zu einer Hülle vor dem, was in Wirklichkeit ist« (N Abt. IV, 13: 46), geworden sind. Der diffuse Gegenschlag gegen den Siegeszug der Fakten-Ideologie konnte offenbar nicht ausbleiben. Wissenschaftshörigkeit schlägt in Wissenschaftsverleugnung und -hass um, solange es kein allgemein verbreitetes kritisches Verständnis davon gibt, was Wissenschaft überhaupt sei.

* * *

Die folgenden Kapitel stellen Adornos Arbeitsgebiete vor: Kultur- und Medienwissenschaft, Soziologie, Erziehungswissenschaft, Musik, Ästhetik sowie, selbstverständlich, Philosophie. Im ersten Kapitel werden Adornos Position im Kontext der kritischen Theorie und Aspekte ihrer Wirkungsgeschichte in der Bundesrepublik vorgestellt.

Die Darstellungen beziehen sich in weiten Teilen auf Adornos nachgelassene Schriften, das heißt auf Frankfurter Vorlesungsaufzeichnungen, die als Abschriften von Tonbandaufzeichnungen vorliegen, und auf Transkriptionen frei gesprochener Vorträge. Diese und die Vorlesungen sind als Einführung in Adornos kritische Theorie vorzüglich geeignet. Er selbst hat sich beim Verfassen seiner publizierten Arbeiten immer wieder auf Vorlesungsabschriften gestützt. – Im Vergleich mit den zu

Lebzeiten veröffentlichten Schriften fällt auf, dass Adorno ›wie gedruckt‹ sprach und ›wie gesprochen‹ schrieb. Die Vorlesungen sind praktisch druckreif formuliert – allerdings in einer vergleichsweise herkömmlichen Form der Darstellung, die nicht selten den Zugang erheblich erleichtert. Die publizierten Schriften wiederum unterscheiden sich im Duktus stark von traditionellen philosophischen Darstellungen; sie springen gleichsam mitten in den entfalteten Stoff hinein und verzichten darauf, in konventioneller Manier das Thema anzukündigen, einzuleiten, den Gegenstand darzustellen und eigene Thesen nach und nach zu entwickeln.

Anders als die Werke der meisten anderen Philosoph:innen des 20. Jahrhunderts wird Adornos Werk nicht nur von Fachleuten gelesen und diskutiert. Dabei setzt sich die Wirkung fort, die er bereits zu Lebzeiten auf Lesende und Hörende hatte: einerseits Inspiration und Bewunderung, andererseits Irritation und Befremdung. Auf Anhieb verständlich schien es nicht, was man von Adorno hören und lesen konnte. Doch die Irritation beruhte nicht auf Neologismen (wie bei Heidegger) oder klirrender Fachterminologie und Soziologenchinesisch (wie bei dem von Adorno hoch geschätzten Habermas). Sie wurde, ebenso wie die Inspiration und die Bewunderung, durch eine unerhörte, literarisch anmutende Verdichtung des Gedankens ausgelöst, die in pointierten Sätzen geschliffenen Ausdruck fand. Bisweilen, ein wenig Geduld vorausgesetzt, stellten sich dann Momente des Wiedererkennens von Motiven und Wendungen ein.

Robert Schumann hat einmal anerkennend über Frédéric Chopin geschrieben, man höre seinen Kompositionen sofort an, dass sie nur von ihm stammen können. Das war seinerzeit noch ein neues Phänomen im Musikleben. In der Philosophie ist es bis heute überaus rar. Wer sich dem *sound* anvertraut, den Adorno am Mikrophon produzierte und der von seinen Texten ausgeht, findet sich häufig schneller zurecht als bei anderen Denker:innen. Das rührt auch daher, dass tatsächlich fast jeder Satz Adornos gleich nah oder fern vom Zentrum seines Denkens entfernt ist (so, wie es seinem Ideal philosophischer Darstellung entsprach). Lesende und Hörende ahnen dies, auch wenn sie noch keinen genauen Begriff von jenem Zentrum haben.

Die Erinnerung an Schumann und Chopin kommt nicht von ungefähr. Oft ist festgestellt worden, dass Adornos philosophische Schriftstellerei kein Nebenprodukt akademischer Lehre und Forschung war, sondern eher mit den Darbietungen eines Künstlers zu vergleichen ist. Künstler:innen brauchen für ihre Darbietung bekanntlich ein Publikum. So gut wie alle Veröffentlichungen Adornos nach dem Ende des Zweiten Weltkriegs gehen auf Texte zurück, die er zunächst, in verschiedenen Kontexten, vorgetragen hatte. Er entfaltete seine Gedanken beim lebendigen Formulieren – für seine stenografierende und kommentierende Ehefrau, für Studierende im Hörsaal, Expert:innen auf Konferenzen und Laien bei Veranstaltungen in öffentlichen Bildungseinrichtungen, und eben auch für die weitgehend heterogene Hörerschaft des Rundfunks. Misslang die Kommunikation mit dem Publikum, dann litt Adorno schwer darunter. So, als er einmal auf Einladung von Georg Solti in Frankfurt eine Mahler-Aufführung einleitete und die Konzertbesucher:innen mit der Zeit spürbar unruhig wurden und nicht gewillt erschienen, noch länger auf das Erklingen der Musik zu warten.

*　*　*

Auf den folgenden Seiten fehlt eine Darstellung der feministischen Adorno-Rezeption. Mit der kenne ich mich nicht gut genug aus; es wäre hier besonders unangebracht, das durch den Anschein männlicher Allwissenheit überspielen zu wollen. Einen Überblick über den Stand des Diskurses bieten die Studien von Regina Becker-Schmidt (1999), Gudrun-Axeli Knapp (2012) und Barbara Umrath (2019) sowie auch die Hinweise bei Iris Dankemeyer (2020: 16f.).

Adorno im Frankfurter Institut für Sozialforschung – ›intellektuelle Gründung der BRD‹ oder Labor für ›nonkonformistische Intellektuelle‹?

Eines von vielen Beispielen für Adornos Einfluss auf das kulturelle Leben der Bundesrepublik überlieferte der Musikkritiker Joachim Kaiser: Adorno habe »mit seinem Mahler-Buch 1960 diesen Komponisten erst wirklich berühmt gemacht« (Kaiser 2003). Zuvor hatte er Gustav Mahler seinem Freund Georg Solti nahegebracht, der von 1952 bis 1961 Generalmusikdirektor der Frankfurter Oper war. »In Frankfurt besuchte Theodor Adorno meine Konzerte und er kam oft zu mir und sagte: ›Sie müssen Mahler dirigieren! Das müsste Ihnen besonders liegen.‹« (Solti, in Brandt 2013)

Die Stadt Frankfurt am Main verleiht seit 1977 alle drei Jahre einen »Adorno-Preis«. Bis heute wird dies in der kulturellen Welt aufmerksam verfolgt. Kenner:innen mag es befremden, dass die Preisträger:innen häufig mit Adorno und seinem Werk wenig oder überhaupt nichts verbindet. Doch es gibt auch Geehrte, die Adorno nahestanden oder -stehen: Pierre Boulez, Michael Gielen, Alexander Kluge und Leo Löwenthal, sowie, nicht zu vergessen, Jürgen Habermas und Albrecht Wellmer. Bei der Preisverleihung zählt die Aura eines Namens, dessen kultureller Nimbus für apartes Stadtmarketing herhalten muss. Adorno wäre das ein Gräuel gewesen. Andererseits war er alles andere

© Springer-Verlag GmbH Deutschland, ein Teil von Springer Nature 2021
G. Schweppenhäuser, *Adorno und die Folgen*, https://doi.org/10.1007/978-3-476-05822-5_2

als unempfänglich für Zustimmung und Akzeptanz. Als Intellektueller, Philosoph und Komponist eignet er sich zur Projektionsfläche für kulturelle Veranstaltungen, die Disziplinen und Fachgrenzen überschreiten; mehr als manche andere. Insbesondere, wenn es auch um gesellschaftliche und politische Aspekte des Kulturellen geht.

Michael Gielen stellte 1979 in einer Frankfurter Aufführung von Beethovens neunter Sinfonie Schönbergs Werk *Ein Überlebender aus Warschau* gegenüber, um zu demonstrieren, was die Folgen der bürgerlichen Resignation sind. Gielen las Beethovens Chorfinale als Rückfall hinter den bürgerlichen Freiheitskampf: als Proklamation eines abstrakten Humanitätsideals, das den politischen Kampf ablöst. Die Zusammenstellung mit einem musikalischen Werk, in dessen Zentrum der deutsche Völkermord an den europäischen Juden steht, eröffnete einen ästhetischen Rahmen für historisches Nachdenken – darüber, dass der Nationalsozialismus eine post-liberalistische Form gewesen ist, die kapitalistischen Eigentumsverhältnisse aufrecht zu erhalten (wie Herbert Marcuse und Walter Benjamin in den 1930ern feststellten), und dass er als Triumph der Selbstdestruktion bürgerlicher Rationalität durch ihre Realisierung zu deuten ist (wie Adorno Thomas Mann bei der gemeinsamen Arbeit am Roman *Doktor Faustus* erläuterte). Mit Hilfe von Adorno hatte Mann seinen fiktiven Tonsetzer Adrian Leverkühn sich nichts Geringeres vornehmen lassen als in seinem letzten Werk ›die neunte Sinfonie zurückzunehmen‹ (Mann 1947, 692) – nicht um Beethoven Lügen zu strafen, sondern um der historischen Wahrheit des ästhetischen Ausdrucks willen. Im Rückblick auf die Veranstaltung im Jahre 1986, auf der er mit der Frankfurter Auszeichnung geehrt wurde, sagte Gielen:

»Als ich den Adorno-Preis bekommen habe, habe ich in Frankfurt eine Dankesrede gehalten, die aus lauter Adorno-Zitaten bestand. Das hat großen Anstoß erregt

[...], weil der bürgerliche Kunstliebhaber jedes dialektisch-aufgeklärte Denken unweigerlich mit den Taten der RAF in Verbindung brachte. Ich könnte diese Rede heute noch einmal halten und sie würde sicher besser aufgefasst werden als vor 25 Jahren.« (Gielen 2010)

Adorno und Frankfurt

Kaum jemand wird bezweifeln, dass Adorno neben Wittgenstein und Heidegger zu den bedeutendsten Philosophen des 20. Jahrhunderts gehört. Auch im 21. Jahrhundert hält das akademische Interesse an. Kontinuierlich hoch die Zahl von Forschungsarbeiten, die Aspekte seines Werks und Bezüge zu Philosoph:innen der Gegenwart untersuchen. Zum engeren akademischen Bezirk später mehr; bleiben wir vorerst im kulturellen Raum. Wie gesagt: Es scheint sich anzubieten, mit Adorno transdisziplinäre Akzente im öffentlichen Raum zu setzen, weit eher als mit manchem anderen Philosophen. Kaum vorstellbar, dass beispielsweise Todtnauberg einen Heidegger-Preis ausloben würde (selbst wenn man über die erforderlichen finanziellen Mittel verfügte). Aber nicht bloß, weil sich inzwischen herumgesprochen hat, wie antisemitisch der Schwarzwaldphilosoph fühlte und dachte. Auch in der Universitätsstadt Freiburg, wo Heidegger lehrte, hätte es früher, als seine kompromittierenden Aufzeichnungen noch nicht allgemein bekannt waren, keinen renommierten Heidegger-Preis gegeben. Heidegger hatte zwar in den 1920er Jahren als spektakulärer Neuerer der phänomenologischen Philosophie begonnen, doch er arbeitete sich zeitlebens an philosophischen Spezialthemen ab, die außerhalb des professionell akademischen Bereichs wenig Resonanz fanden. Und das in einer artifiziellen Sprache, deren Gestus schon von Weitem erkennen ließ, dass sie ›Uneingeweihte‹ ausgrenzen sollte.

Adornos Wirkung hat demgegenüber auch damit zu tun, dass der berühmte Philosoph nicht nur Philosoph gewesen ist, sondern auch öffentlich intervenierender Intellektueller und komponierender Musiker. Seit Jugendtagen spielte er, so wird überliefert, sehr gut Klavier. Seine publizistische Karriere begann er als Musikjournalist. Bei Alban Berg in Wien setzte er seine Ausbildung zum Komponisten fort; er hatte sie in Frankfurt, im zarten Alter von 16 Jahren, an jenem Konservatorium begonnen, an dem nicht viele Jahre zuvor noch Clara Schumann als Professorin lehrte.

Neben der Philosophie galt Adornos Augenmerk in Lehre und Forschung sozialwissenschaftlichen und kulturtheoretischen Themen. Beide Themenstrecken liefen nicht nebeneinander her, sie wurden stets miteinander verbunden. Es erleichtert den Einstieg in Adornos philosophisches Werk, dass man seine Theorie vom Glanz und Elend bürgerlicher Subjektivität in essayistischer Gestalt entlang von Interpretationen der homerischen *Odyssee* und Beethovens späten Klaviersonaten entwickelt findet. Aspekte der Dialektik von Natur, Kultur und Gesellschaft blitzen in Erläuterungen zu Bizets Oper *Carmen* auf. Die Widersprüche des totalitär gewordenen Kapitalismus und der kulturkonservativen Kritik daran werden anlässlich von Huxleys *Brave New World* zur Sprache gebracht. Umgekehrt kann die Lektüre der philosophisch-methodologischen Hauptwerke Adornos – die *Negative Dialektik* und die Einleitung der *Metakritik der Erkenntnistheorie* – dadurch ungemein gewinnen, dass sich ihre zentralen Theoreme in Adornos materialen Arbeiten anschaulich spiegeln.

Bis zu seinem Tod im August 1969 hielt Adorno mehr als 300 öffentliche Vorträge im ganzen Land. Dazu kamen etwa 300 Auftritte im Radio, die von den Rundfunkanstalten im Bundesgebiet ausgestrahlt wurden. »Man konnte Adorno also fast jede Woche irgendwo hören«, resümiert Michael Schwarz (2011: 287) vom *Adorno Archiv* in der Berliner Akademie der Künste. Wie aktiv Adorno bis zuletzt war, ist auch den exzellenten Biografien von Detlev Claussen und Stefan Müller-Doohm zu entnehmen, die anlässlich des 100. Geburtstags 2003 veröffentlicht wurden.

Adornos Bedeutung hängt mit dem unverwechselbar individuellen Stil seines Sprechens, Schreibens und Denkens zusammen. Aber in erster Linie sind doch die Inhalte ausschlaggebend, für die er einstand. Philosophie und kritische Theorie verstand Adorno als Menschheitsaufgabe im Interesse an einem besseren Leben. Das kann man sich an seinem Konzept geschichtlich-gesellschaftlichen Fortschritts vergegenwärtigen – einem wichtigen Thema der 1960er Jahre, die weltweit im Zeichen einer Spannung zwischen kybernetisch-technokratischen Zukunftsszenarien und der Selbstauslöschung der menschlichen Gattung im atomaren Weltkrieg standen.

Adorno bestand auf einem mehrschichtigen Begriff des Fortschritts. Von wahrem Fortschritt kann, wie er Mitte der 1960er Jahre in einer Frankfurter Vorlesung sagte, nur die Rede sein, wenn sich sagen lasse, »daß es besser wird, daß keine Angst mehr ist, daß am Horizont keine drohende Katstrophe mehr ist« (N Abt. IV, 13: 202). Dieses Verständnis von Fortschritt war zeitbezogen und konkret-negativ: »Fortschreiten heute heißt [...] nichts anderes als die totale Katstrophe vermeiden und verhindern« (ebd.). Also nicht: Wirtschaftswachstum, innovative Technologie im industriell-militärischen Komplex, neue Rekorde in Sport und Kultur – immer schneller, höher, weiter und besser ... Nein, die Möglichkeit von Fortschritt hänge schlicht an der Frage, »ob die Menschheit die Katstrophe zu verhindern vermag«, also an »der Abwendung des äußersten, totalen Unheils« (ebd.). Zugleich war Adornos Verständnis von Fortschritt aber auch transzendent. Er sah kein aktuell evidentes Potential für die Aktualisierung des Fortschritts, doch dessen Begriff enthalte ein Versprechen. Nur »ein seiner selbst bewußtes Gesamtsubjekt der Menschheit« (ebd.) kann ›die Katstrophe verhindern‹; doch ein solches ist nicht in Sicht.

Adorno präzisierte seine Rede von der »Menschheit« als »Gesamtsubjekt«, indem er sie von einer technokratisch-bürokratischen Vision abgrenzte. Mit ›Menschheit als Gesamtsubjekt‹ war keine terrestrische Supraorganisation gemeint, sondern eine freie Gesellschaft, die die Naturwüchsigkeit ihrer Vergesellschaftung überwunden hätte. Das ›gesellschaftliche Gesamtsubjekt« dürfe »kein bloß formales« (203) sein. Nicht der Entwicklungsstand der Produktivkräfte sei indessen das Problem, das dem im Wege steht, sondern die Statik der Eigentumsverhältnisse, unter denen produziert wird.

»Der physische Mangel, der lange des Fortschritts zu spotten schien, ist potentiell beseitigt: nach dem Stand der technischen Produktivkräfte brauchte keiner auf der Erde mehr zu darben. Und daß es doch noch ungezählte Millionen gibt, die Hunger und Mangel leiden, liegt lediglich an den Formen der gesellschaftlichen Produktion, an dem *Produktionsverhältnis* [...]. Ob weiter Mangel und Unterdrückung seien [...], darüber entscheidet einzig die Vermeidung der Katastrophe durch eine vernünftige Einrichtung der Gesamtgesellschaft als Menschheit.«

(Ebd.)

Gegen Unterdrückung und Herrschaft hielt Adorno seinen »Negativismus« der kritischen Theorie. Kritik sei Platzhalter und Vorschein blockierter Autonomie. Der sogenannte Negativismus der Kritik bestand für ihn darin, »daß ich sage, das Positive [...], wie es uns heute möglich ist, liegt eigentlich darin, daß wir versuchen, so gut es in unserer Kraft steht, diesem Negativen, diesem Zustand der drohenden realen und der doch schon verwirklichten geistigen Entmenschlichung doch endlich ein Ende zu setzen« (N Abt. V, 1: 155). So war es in einem Vortrag zu hören, den Adorno Ende der 1950er und Anfang der 1960er Jahre im Rahmen der Hessischen Hochschulwochen in Bad

Nauheim und Bad Sooden-Allendorf hielt (sowie auf Einladung der Goethe-Gesellschaft in Hannover und beim Liberalen Arbeitskreis in München). Hier artikuliert sich sein kritischer historischer Materialismus: Auf dem heute weltweit entwickelten Stand der Produktivkräfte müsste niemand mehr hungern, aber dies wird durch das gewaltsame Aufrechterhalten der kapitalistischen Produktionsweise verhindert.

Dass Adorno in dieser Hinsicht ein neomarxistischer Sozialphilosoph war, wird, bis heute, nicht immer wahrgenommen. Er selbst hätte sich nicht als ›Marxisten‹ bezeichnet; zu seiner Zeit stand das Wort für Parteidoktrin und eine dogmatische Auffassung von Wissenschaft, welche die ›Überbauphänomene‹ objektivistisch und mechanisch aus der ›Basis‹, den Produktionsverhältnissen, ableitet. Dagegen hatte Adorno nicht bloß methodologische Einwände. Sein inhaltlicher Einwand gegen das, was zu seiner Zeit als Marxismus galt, hängt mit einem zentralen Motiv seines Denkens zusammen: dem Plädoyer für die Einzelnen und ihre »Interessen und Bedürfnisse« (N Abt. IV, 13: 62). Diesen Individualismus verfocht er auch im Zusammenhang mit der Entfaltung der Grundlagen einer kritischen Geschichtsphilosophie. Dort grenzte er sich vom »Marxismus« ab, sofern dieser den »Glauben« hege, »daß, wenn am Ende das Allgemeine in Ordnung kommt [...] auch alle Einzelnen zu dem Ihren kommen, – daß dann all das Leid [...] der Geschichte dadurch wieder wettgemacht wäre« (66). Im Geiste Horkheimers betonte Adorno, »daß selbst die Vorstellung einer vollkommenen klassenlosen Gesellschaft [...] nicht trösten könnte über das Schicksal all derer, die sinnlos gelitten haben und die am Weg liegen geblieben sind« (ebd.).

Adornos Abgrenzung vom doktrinären Marxismus war eines, ein anderes sein Anknüpfen an die marxsche Kritik. In einer Diskussion mit Horkheimer über das Verhältnis von kritischer Theorie und politischer Praxis hat Adorno Mitte der 1950er Jahre ohne Wenn und Aber betont, dass er seine philosophische Arbeit stets als Versuch verstanden hat, eine Theorie zu entwickeln, die Marx, Engels und Lenin treu bleibt und sich gleichzeitig auf der Höhe der avanciertesten Kultur(-theorie) befindet (Horkheimer/Adorno 1956: 69). Dass er Engels und Lenin die Treue halten wollte, war freilich sehr ins Unreine formuliert. Zum autoritären Leninismus hatte die kritische Theorie ja von Anfang an Distanz gehalten, und Engels kommt in Adornos Werk, wenn er überhaupt erwähnt wird, gar nicht gut weg. Vermutlich hätte Adorno auf Nachfrage geantwortet, dass er Marx' analytisch-kritischen Impulsen, die es bei Engels und Lenin gibt, gerade dadurch treu geblieben sei, dass er definitiv kein Leninist sein wollte. Eine derartige Nachfrage hat Horkheimer, der am ›Ostbereich‹ kein gutes Haar ließ, allerdings nicht gestellt. Stattdessen sagte er, es habe keinen Zweck mehr, mit Sowjetmarxisten über die richtige »Auslegung gewisser Marxischer Sätze zu streiten« (47). Adorno antwortete: »Andererseits dürfen wir die Marxische Terminologie nicht aufgeben.« (Ebd.) Dem stimmte Horkheimer zu: »Wir haben nichts anderes.« (Ebd.)

Zusammenfassend kann man es wohl nicht treffender ausdrücken als Wolfdietrich Schmied-Kowarzik: Er schrieb, dass kritische Theorie für »Max Horkheimer, Herbert Marcuse und Theodor W. Adorno [...] eine inhaltliche Umschreibung für die Marxsche Theorie« gewesen ist, die das Ziel verfolgte, »diese aus ihrem inneren Selbstverständnis gegen ihre Verunstaltung durch die verschiedenen Marxismen philosophisch fortzuschreiben« (Schmied-Kowarzik 1999: 261).

Am 20. August 1969 druckte die *Frankfurter Rundschau* unter dem Titel »Kritische Theorie weiterführen« ein Flugblatt ab, das zuvor an der Universität Frankfurt verteilt worden war. Die Überschrift lautete »Nach dem Tode Theodor W. Adornos. Erklärung seiner Schüler in Frankfurt«. Die Verfasser – u.a. Friedhelm Herborth, Ursula Jaerisch, Hans Jürgen Krahl, Rudolf zur Lippe,

Günther Mensching, Ernst Theodor Mohl, Regina Schmidt, Tillman Rexroth, Eckardt Teschner, Renate Wieland und Gisela von Wysocki – betonten: »der Versuch, Adorno zum Universalgenie zu stilisieren« (Bergmann et al. 1971: 23) und seinem Denken das »Etikett des Einmaligen, nie wieder Erreichbaren« (22) aufzukleben, sei Ausdruck des Bestrebens, Adorno in jenen Kulturbetrieb zu integrieren, den er einer scharfen Ideologiekritik unterzogen habe. Dabei werde etwas Entscheidendes übersehen oder überspielt:

> »Wie die studentische Linke hielt Adorno bis zuletzt an der marxischen Erkenntnis fest, daß jede Befreiung in der kapitalistischen Gesellschaft nur durch die totale Umwälzung der ökonomisch-politischen Struktur realisierbar ist.« (23)

Nicht selten ist Adornos Rückkehr ins postnationalsozialistische Westdeutschland als Beleg dafür interpretiert worden, dass er den neomarxistischen Arbeitszusammenhang des Frankfurter Instituts für Sozialforschung der frühen 1930er Jahre auch inhaltlich verabschiedet hätte. In der Tat: Adorno zögerte nicht, nach Frankfurt zurückzukehren, als sich dort, Ende der 1940er Jahre, für Horkheimer und ihn neue Wirkungsmöglichkeiten abzuzeichnen begannen. Die BRD war der Rechtsnachfolger des nationalsozialistischen Unterdrückungs- und Vernichtungssystems. Adorno war für den Rest seines Lebens in einem Gemeinwesen aktiv, das ihn einst nach Recht und Gesetz (den Nürnberger »Rassegesetzen«) zu einem Menschen gemacht hatte, der von Staats wegen zu ermorden sei. Der Literaturwissenschaftler Sven Kramer hat das ebenso bündig wie behutsam zusammengefasst:

»[Adornos] Vater gehörte zum assimilierten Judentum, die Mutter war katholisch. Nach orthodoxer Lesart, nach der die Zugehörigkeit matrilinear weitergegeben wird, wäre Adorno kein Jude. Zudem wurde er im Frankfurter Dom katholisch getauft. [...] Doch er gehörte zu jenen, für die die gesellschaftlichen Zuschreibungen äußerst folgenreich werden sollten. Denn in den Nürnberger Rassengesetzen von 1935 galt nicht mehr die kulturelle Zugehörigkeit, und auch die persönliche Selbstpositionierung spielte keine Rolle mehr. [...] Vor dem Gesetz wurde Adorno zum sogenannten Halbjuden, und da die Rassengesetze zur Grundlage dafür wurden, ob jemand als Jude angesehen wurde und damit der Verfolgung anheimfiel, trat sein Verhältnis zum Judentum, bzw. zum Judesein, in ein neues Stadium ein. Das Verfolgungsschicksal der Juden wurde nun auch zu dem seinigen«.

(Kramer 2010: 2f.; vgl. Müller-Doohm 2003: 27ff. und 257ff.)

Im Frühling 1963 notierte Adorno: »Wer aber zu den Verfolgten gehört, für den gibt es überhaupt keine ungebrochene Identifikation mehr. Der Begriff der Heimat, der Nation, all das gebrochen. Nur noch eine Heimat aus der keiner mehr ausgeschlossen wäre, Menschheit.« (Adorno 1943–1969: 25f.) Die Schwermut, die von diesem Wissen verursacht wurde, hat Adorno jedoch nicht übermannt. Für ihn war es überhaupt keine Frage, ob er ins Land der Mörder:innen zurückkehren solle oder nicht. Er war nun einmal nicht gesonnen, sich seine deutsche Sprache von den Nazis wegnehmen zu lassen – also das Idiom, in dem er wie in keinem anderen sprechen, schreiben und philosophieren konnte und wollte. Schon gar nicht über das politische Ende des NS-Staats hinaus.

Er hatte auch keine Berührungsängste; vor denen, die nicht mitgemacht hatten, ohnehin nicht, aber auch nicht vor Tätern und Mitläufern. Als Adorno 1954 bei einer Tagung in Bad Wildungen Gottfried Benn kennenlernte, dessen Lyrik er schätzte, gab er seiner Freude lebhaften Ausdruck. Dass Benn den Nationalsozialismus verteidigt und gegen Schriftstellerkollegen polemisiert hatte, die ins Exil gegangen waren, thematisierte Adorno nicht. Nicht, weil er immer noch so unpolitisch gewesen wäre wie nach 1933, als er versuchte, in Deutschland auszuharren; er war ja erst auf Max Horkheimers nachdrückliches Drängen noch rechtzeitig zur Emigration zu bewegen gewesen. Nein, sondern weil er zwischen der Bedeutung von Benns Lyrik und dessen politischer Einstellung unterschied. Benn wiederum äußerte sich gegenüber seinem Mäzen, dem norddeutschen Kolonialwarenhändler und Nationalisten Oelze (der Emigranten mindestens ebenso gehasst hat, wie Benn dies tat), auf abscheuliche Weise antisemitisch über Adorno. Der wusste das nicht; wohl aber, dass Benn kniff, als er 1955 zu einem Rundfunkgespräch mit Adorno über Kunst eingeladen worden war. Dazu ließ Benn sich nicht mit Geld und guten Worten bewegen. Vielmehr gestand er Adorno, dass er sich vor einem geistigen Duell fürchte: »Sie sind gefährlich und mir dialektisch weit überlegen und beherrschen viel mehr Material, wissenschaftliches und ästhetisches, [...] als ich.« (Benn, zit. nach Schildt 2020: 585)

In der Nachkriegszeit arbeitete Adorno an der Frankfurter Universität mit dem Heidegger-Schüler Hans-Georg Gadamer zusammen, der bald darauf nach Heidelberg ging. Gadamer hatte seine lange Karriere seinerzeit als Mitglied des NS-Lehrerbundes ins Rollen gebracht. Legendär sind Adornos Rundfunk- und Fernsehauftritte in brillanten Streitgesprächen mit dem ›Edel-Nazi‹ Arnold Gehlen. Dieser wirkte als Soziologieprofessor in Aachen, von wo aus seine soziologische Institutionenlehre die philosophische Rechte in der BRD beeinflusste. Seine Berufung auf den renommierteren Lehrstuhl in Heidelberg hatte Adorno, gemeinsam mit Horkheimer und unterstützt von Habermas, 1958 durch ein Gutachten verhindern können. Dort hieß es, Gehlen verkünde »mit autoritären Gestus« »das Instrumentarium des Faschismus« (zit. nach Winkler 2021; vgl. Müller-Doohm 2003: 573). Über viele Jahre verfolgte Adorno in den Gesprächen mit diesem Protagonisten der philosophischen Anthropologie eine medial innovative Strategie der Auseinandersetzung mit einem intellektuell ebenbürtigen Gegner. Er konnte direkt reagieren und pointierte Thesen in der Wechselrede schärfen, aber auch konziliant modifizieren. So wurde ein Diskursraum für die neomarxistische Kritik an Gehlens reaktionärer Anthropologie und Institutionentheorie eröffnet. Der virtuelle Raum des Rundfunks wirkte nicht nur anders auf die Sinne als das gedruckte Wort, er realisierte auch eine kontinuierlich-begleitende Dimension des öffentlichen Gesprächs (Marino 2019: 379). Sie blieb nicht ohne Wirkung auf die Entstehung der außerparlamentarischen Opposition in der BRD.

Und wo, wenn nicht im deutschen Sprachraum, hätte Adorno seine Herzensangelegenheit so wirkungsvoll vorantreiben können: die Zertrümmerung Heideggers (die einst von Walter Benjamin projektiert worden war)? Heidegger hatte sich 1934, nach einem Jahr als »Führer-Rektor« der Freiburger Universität, aus der Hochschulpolitik zurückgezogen. Solange es eben ging – also bis zum Sieg der Alliierten über Deutschland 1945 – blieb er Mitglied der Nazipartei. Seinen eliminatorischen Antisemitismus hatte er Schreibheften anvertraut, die lange Zeit unveröffentlicht blieben. Aber dass seine vor und nach 1933 publizierte Philosophie zutiefst autoritär ist, das haben Adorno und seine philosophischen Schüler in eingehenden Textanalysen gezeigt (Schweppenhäuser 1957/58 und Haag 1960).

Clemens Albrecht und andere Schüler des Soziologen Friedrich Tenbruck haben Adornos öffentliches Engagement als Beleg dafür genommen, dass es ihm und seinem Mentor und Freund Horkheimer nach der Rückkehr aus der Emigration um die »intellektuelle Gründung der Bundesrepublik« (Albrecht 1999) gegangen sei. Für diese Sicht der Sache scheint auf den

ersten Blick Einiges zu sprechen. Horkheimer und Adorno ließen kaum eine Gelegenheit verstreichen, um in der jungen Republik Beiträge zur politischen Bildung, zur Schulung kritischer
Urteilskraft und zur öffentlichen soziokulturellen Reflexion zu
leisten. Vor allem in den Hochschulen, aber nicht nur dort; man
sah sie auch in gewerkschaftlichen und kirchlichen Bildungsinstitutionen sowie auf etlichen anderen gesellschaftlichen Fel-
dern.

Die Wiedereröffnung des Instituts für Sozialforschung
wurde von den westlichen Siegermächten unterstützt. Der For-
schergruppe um Horkheimer, für die sich der Name »Frankfurter Schule« einzubürgern begann, ging es nicht anders als
dem Kreis um die Hochschule für Gestaltung in Ulm. Deren
Leiter, Inge und Otl Aicher, hatten mit Erfolg um Unterstützung
durch die Reeducation-Programme der USA gekämpft (Wachsmann 2018: 42ff.). Ansprechpartner war der US-Hochkommis-
sar John J. McCloy. Bis 1949 Präsident der Weltbank, war dieser
ab 1949 federführend für die politische und wirtschaftliche Zi-
vilisierung der Bundesrepublik zuständig – im Sinne der trans-
atlantischen Strategie der Westbindung. McCloy förderte die
Gründung der HfG Ulm und die Wiedererrichtung von Horkheimers Institut für Sozialforschung in Frankfurt am Main. Dort
hatte das Büro von McCloys Behörde bis 1951 seinen Sitz.
McCloy steuerte die damals gewaltige Summe von 236.000
D-Mark bei. Ohne diesen Zuschuss hätte das neue Instituts-
gebäude im Frankfurter Westend nicht errichtet werden können.

Für DDR-Philosoph:innen war der Fall klar: Ein ehemals
marxistisches Forschungsinstitut lässt sich vom Klassenfeind
kaufen, um die imperialistischen Westmächte ideologisch mit
abzusichern. Und überhaupt – hatten nicht Bertolt Brecht und
Hanns Eisler längst darauf hingewiesen, dass es auch schon mit
dem Marxismus des alten Instituts für Sozialforschung nicht
weit her war? Die »Geschichte des Frankfurter soziologischen

Instituts« hatte Brecht, auf Vorschlag von Eisler, in seinem Arbeitsjournal im Mai 1942 wie folgt zusammengefasst:

> »Ein reicher alter Mann (der Weizenspekulant Weil) stirbt, beunruhigt über das Elend auf der Welt. Er stiftet in seinem Testament eine große Summe für die Errichtung eines Instituts, das die Quelle des Elends erforschen soll. Das ist natürlich er selber.«
>
> (Brecht, zit. nach Knopf 2002: 161)

Georg Lukács war, nach mehrfachen Abweichungen, in der zweiten Hälfte des 20. Jahrhunderts treu auf der kommunistischen Parteilinie geblieben. Er gab Horkheimers Projekt der kritischen Theorie den Namen »Grand Hotel Abgrund«. Die Intellektuellen des westlichen Marxismus würden sich nicht auf den Klassenstandpunkt des Proletariats stellen. Sie würden sich behaglich in der von ökonomisch-politischen Krisen geschüttelten Gesellschaft einrichten, um den Niedergang zu beobachten. Genau, wie sich einst der bourgeoise Schopenhauer ein philosophisches System errichtet habe, das »formell architektonisch geistvoll und übersichtlich« ist, aber hart »am Rande des [...] Nichts, der Sinnlosigkeit« (Lukács 1954: 219) steht: Ein »schönes, mit allem Komfort ausgestattetes Hotel am Rande des Abgrunds« (ebd).

> »Und der tägliche Anblick des Abgrundes, zwischen behaglich genossenen Mahlzeiten oder Kunstproduktionen, kann die Freude an diesem raffinierten Komfort nur erhöhen.« (Ebd.) »Ein beträchtlicher Teil der führenden deutschen Intelligenz, darunter Adorno, hat das ›Grand Hotel Abgrund‹ bezogen«.
>
> (Lukács 1962: 16)

Dieser Vorwurf wurde Adorno dann Ende der 1960er Jahre auch von aktionistischen Vertreter:innen der Studierendenrevolte gemacht. Falsches wird durch Wiederholung aber nicht richtig, und das Bild vom »Grandhotel Abgrund« ist nachweislich falsch. Im Gegensatz zur sowjetmarxistischen Orthodoxie standen Horkheimer und sein Team im Frankfurter Institut seit Ende der 1920er Jahre der leninistischen Transformation von Marx' Kritik in eine autoritäre Herrschaftslehre kritisch gegenüber. Und sie wussten, dass die organisierte Arbeiterschaft in den westlichen Industriestaaten dem aufziehenden Faschismus und Nationalsozialismus nicht bloß wenig Kampfkraft entgegenzusetzen hatte, sondern, weitaus schlimmer, in großen Teilen bereit gewesen war, sich mit ihm zu identifizieren. Die Einsicht in die sozialpsychologische Charakterstruktur, ohne die es diese Tendenz nicht gegeben hätte, verdankte sich in den Untersuchungen des Frankfurter Instituts vor allem dem Umstand, dass Horkheimer die von der marxistischen Orthodoxie verfemte Psychoanalyse als Erkenntnismethode favorisierte und mit der Kritik der politischen Ökonomie in Verbindung brachte.

Unter kritischer Theorie verstand Horkheimer den theoretischen Teil kritischer gesellschaftlicher Praxis. Bei Karl Marx war kritische Theorie die philosophische, sozialtheoretische und ökonomiekritische Form des Emanzipationskampfs der lohnabhängig arbeitenden Menschen. Horkheimer ging nicht mehr davon aus, dass das Proletariat als historisches Subjekt einer befreienden, umwälzenden gesellschaftlichen Praxis gedacht werden könne. In der Sowjetunion habe es sich der autoritären Herrschaft der Partei unterworfen. In den westlichen Industrienationen habe es entweder in sozialdemokratische Kompromisse eingewilligt oder sei dabei, zur autoritär-faschistischen Herrschaft überzulaufen. Kritische Theorie war in dieser Lage der Versuch, das Ausbleiben der freiheitlichen Revolution zu erklären und die Anstrengung, durch Forschung und Reflexion dazu beizutragen, dass die Grundlagen für freiheitliche, umwälzende Praxis erhalten werden.

Dafür stellte Horkheimer sein Theorieprojekt auf zwei Gleise. Das eine war die materialistische Theorie der Geschichte von Marx, denn nach wie vor sei von einer permanenten Steigerung und Erweiterung der gesellschaftlichen Produktivkräfte unter den Vorzeichen des entfalteten Industriekapitalismus auszugehen. In dieser Hinsicht blieb kritische Theorie, in der philosophischen Tradition von Marx, »eine Reflexionsform [...] des Vernunftpotenzials, das alle Naturbearbeitung stets wieder über die jeweils mit den sozialen Produktionsverhältnissen gesetzten Grenzen hinweg treibt« (Honneth 2006: 231). Das andere war die »Sphäre der geschichtlichen Entwicklung [...], die Marx mit Hilfe des Begriffs der ›kritischen Tätigkeit‹ beschrieben hat« (ebd.). Kritische Tätigkeit ist nicht beobachtende, kontemplative Wissenschaft, sondern eingreifendes Teilnehmen an den gesellschaftlichen Auseinandersetzungen, den geschichtlichen Konflikten der Gegenwart. Daher war das Projekt kritischer Theorie »eine kritische Reflexionsform [...] jener sozialen Kämpfe und Konflikte, in denen die bislang unterdrückten Kollektive gegen Unrecht und Benachteiligung aufbegehren« (ebd.)

Beide Aspekte befinden sich keineswegs im Widerspruch miteinander, wie die Habermas-Schule behauptet (Honneth 2006: 231f.); sie ergänzen sich vielmehr. Das von Horkheimer (1937: 180f.) ins Feld geführte ›kritische Verhalten‹ nonkonformistischer Intellektueller im Forschungsverbund hatte die objektiv vorwärtstreibenden Elemente im Entfaltungsprozess der gesellschaftlichen Produktivkräfte im Blick. Dieser Entfaltungsprozess ist im Ganzen fremdbestimmt durch die Erfordernisse der privaten Aneignung des gesellschaftlich produzierten Mehrprodukts. Daher habe das ›kritische Verhalten‹ in Verbindung mit den subjektiven Faktoren des Widerstands gegen die Übermacht der bestehenden Produktionsverhältnisse und ihrer politischen Regulierung zu bleiben.

Horkheimer, Marcuse, Fromm und Adorno wussten Ende der 1920er und Anfang der 1930er Jahre: Die Geschichtsphilosophie von Marx ist nicht zu halten. Marx hatte seine Analyse der kapitalistischen Wirtschaftsweise mit einer starken These über die soziale Revolution verbunden, die in greifbarer Nähe sei. »[D]ie kapitalistische Produktion erzwingt mit der Notwendigkeit eines Naturgesetzes ihre eigene Negation« (Marx 1867: 791) – nämlich die Revolution der bis dato Expropriierten, die zu einer freien, d.h. klassenlosen Gesellschaft führt. Für Friedrich Pollock, den Wirtschaftswissenschaftler des Frankfurter Instituts, stand hingegen fest, »dass es falsch ist, das notwendige Ende des Kapitalismus für eine nahe Zukunft vorauszusagen.« (Pollock 1933: 350) Mit Blick auf die Weltwirtschaftskrise und die bevorstehenden Transformationen der kapitalistischen Demokratien schrieb Pollock: »Was zu Ende geht, ist nicht der Kapitalismus, sondern nur seine liberale Phase.« (Ebd.) Aber auch wenn die geschichtsphilosophische Prognose von Marx falsch war: Im Kreis um Horkheimer hielt man seine Analyse der kapitalistischen Produktionsverhältnisse nach wie vor für richtig. Mit zeitgemäßen Revisionen sei sie als kritische Theorie der zeitgenössischen Produktionsweise und deren sozialpsychologischen und kulturellen Folgen weiterzuführen.

Eine der Kernthesen der neuen Theorie lautete: In der nachliberalen Phase wird Kultur zunehmend wichtig. Im Früh- und im Hochkapitalismus war Kultur auch eine Sphäre der Gegenentwürfe zur bürgerlichen Zweckrationalität. Nun hatte die wirtschaftliche Konzentration des Spätkapitalismus mächtige Oligopole hervorgebracht, die den kulturellen Bereich als neues Feld für ihre Investitionen erschließen. Kultur wird zum sozialen »Kitt«, der ein gesellschaftliches Ganzes zusammenhält, das auseinanderzufallen droht, denn die Einordnung des Individuums in die jeweilige soziale Ordnung verläuft stets vermittelt durch Kultur (Löwenthal 1934: 244f.). Hier hat das Frankfurter Institut für Sozialforschung Ansätze vorweggenommen, die in der politischen Kulturforschung erst 50 Jahre später eingebürgert worden sind, als sich das Forschungsinteresse darauf richtete, wie »die politischen Ideen und Interpretationsangebote [...] als das ›politische Design‹ eines Herrschaftssystems affektive Bindungen herstellen« (Bergem 2019: 254). Es galt also zu untersuchen, warum sich Menschen weiterhin dem Zwang zu fremdbestimmter Arbeit fügen; warum sie nicht gegen die private Aneignung des gesellschaftlich erwirtschafteten Mehrprodukts aufbegehren, auch dann nicht, wenn diese politisch autoritär verwaltet wird. Dazu wurden Lohnarbeiter:innen und Angestellte befragt, und zwar mit Hilfe von gesellschaftstheoretisch revidierten Konzepten aus der Psychoanalyse.

Ausgangspunkt der Auseinandersetzung mit Sigmund Freud im Institut war die Suche nach Erklärungen dafür, warum »die Revolution, die aus der Schlächterei des Ersten Weltkriegs hervorging, in keinem fortgeschrittenen kapitalistischen Land gesiegt hat« (Schiller 2017: 15). Herbert Marcuse war damals davon überzeugt, dass Freuds Ansatz, obwohl der mit Revolution und Herrschaftsfreiheit nichts im Sinn hatte, »eine ganze Tiefenschicht menschlichen Verhaltens« erschließbar mache, »die vielleicht einen Schlüssel liefern konnte zur Beantwortung der Frage, warum es 1918/19 schiefgegangen war« (Marcuse, zit. nach Schiller 2017: 15). Namentlich Adorno – der sich ansonsten weder mit Marcuse noch mit Erich Fromm, dem analytischen Sozialpsychologen des Frankfurter Instituts, gut verstand – ist es dann gewesen, der von den 1940er bis in die 1960er Jahre eine ganze Reihe ›freudo-marxistischer‹ Einsichten in die Ambivalenz ›bürgerlicher‹ Subjektivität formulierte, die bis heute diskutiert werden (vgl. Schiller 2017: 214–270 und Bock 2018).

Exkurs: Adornos Dialektik der Aufklärung

Unter Adornos Händen verschob sich der Fokus kritischer Theorie hin zu einer philosophischen Kritik gesellschaftlicher Herrschaft. Adornos Zusammenarbeit mit Horkheimer wurde im Exil, besonders in Kalifornien, immer intensiver. Dort schrieben sie gemeinsam ein Buch, das 1944 abgeschlossen war und 1947 in überarbeiteter Form unter dem Titel *Dialektik der Aufklärung. Philosophische Fragmente* erschien. Hier richtete Adorno das Augenmerk auf den Aspekt der Herrschaft, also auf eine Kategorie der sozialen Interaktion, die für die menschliche Psychodynamik außerordentlich wichtig ist. »Beim Herrschaftsbegriff sind zunächst soziale Herrschaft, Natur- und Selbstbeherrschung zu unterscheiden«, schreibt Hans-Ernst Schiller (2020: 183). »Diese drei Dimensionen von Herrschaft in ihrer wechselseitigen Abhängigkeit erkannt zu haben, stellt eines der wichtigsten Verdienste der *Dialektik der Aufklärung* dar.« (Ebd.)

Freud ging es darum, individuelles Leiden, das aus der Verinnerlichung von Zwängen und Tabus resultiert, zu erkennen und womöglich zu lindern. Herrschaftsverhältnisse, aus denen Zwänge und Tabus hervorgehen, schienen ihm unvermeidbar für jegliche Form von Zivilisation. Adorno fragte nach der Legitimation gesellschaftlicher Herrschaft und ihren destruktiven Folgen für die Individuen. Und er grub tiefer, indem er dem Verdacht nachging, dass Naturbeherrschung im Verlauf der Menschheitsgeschichte zwar Schritt für Schritt rationaler wird, im Grunde jedoch einen nicht-rationalen Kern hat. Oder, anders gesagt: einen Kern, dessen a-rationales Moment noch nicht zur Gänze durch die rationale Schale verhüllt ist. Diesen Kern erkannte er im Opfer.

Menschen- und Tieropfer haben in archaischen Kulthandlungen den Sinn, übermächtige Naturgewalten milde zu stimmen. Die Bändigung der Naturvorgänge durch Arbeit und die Unterwerfung der äußeren Natur unter die Zwecke der arbeitenden Menschenkollektive erfordert Verinnerlichung von Gewalt und Unterwerfung. Es gibt keine dauerhafte Naturbeherrschung ohne Selbstbeherrschung, und die wiederum muss in sozialen Herrschaftsverhältnissen erlernt werden.

Zu solchen Gedankengängen ließ sich Adorno von Friedrich Nietzsche inspirieren. Dessen Verdienst sah er darin, dass Nietzsche das Konzept von Aufklärung (d.h.: konsequent rational-entzauberndes Denken) nicht nur als eine kulturgeschichtliche Epoche verstanden habe. Er habe es vielmehr als Erster »bis zum Beginn überlieferter Geschichte ausgedehnt« (GS 3: 62). Daher trete bei ihm der »Doppelcharakter der Aufklärung« (ebd.) in wünschenswerter Deutlichkeit hervor. Nietzsche habe »wie wenige seit Hegel die Dialektik der Aufklärung erkannt«; »er hat ihr zwiespältiges Verhältnis zur Herrschaft formuliert« (ebd.). Doch »Nietzsches Verhältnis zur Aufklärung« sei »selber zwiespältig« gewesen, denn er erblickte »in der Aufklärung sowohl die universale Bewegung souveränen Geistes [...], als deren Vollender er sich empfand, [als auch] die lebensfeindliche, ›nihilistische‹ Macht« (ebd.). Aber »bei seinen vorfaschistischen Nachfahren [ist] das zweite Moment allein übriggeblieben und zur Ideologie pervertiert. Diese wird zum blinden Lob des blinden Lebens, dem die gleiche Praxis sich verschreibt, von der alles Lebendige unterdrückt wird.« (Ebd.)

In einer Frankfurter Vorlesung hat Adorno Nietzsche 1963 ausdrücklich die Ehre erwiesen. Er bezeichnete ihn als den Philosophen, »dem ich, wenn ich aufrichtig sein soll, am meisten von allen sogenannten großen Philosophen verdanke – in Wahrheit vielleicht mehr noch als Hegel« (N Abt. IV, 10: 155). Maßgeblich für Adorno war Nietzsches Zivilisations-Archäologie aus dem Spätwerk Zur Genealogie der Moral. Sie ließ ihn, neben Marx und Freud, zum wichtigsten Kronzeugen im philosophischen Rekonstruktionsprozess der Entstehung neuzeitlicher Subjektivität werden, dessen Akten in der Dialektik der Aufklärung von

Horkheimer und Adorno wieder aufgerollt und neu verhandelt werden.

Nietzsche wusste, dass die Grundlage von Herrschaft Eigentumsverhältnisse sind. Oder, um es mit Adorno zu sagen: »gut sein und Gut haben fallen von Anbeginn zusammen. Der Gute ist, der sich selbst beherrscht als seinen eigenen Besitz; sein autonomes Wesen ist der materiellen Verfügung nachgebildet« (GS 4: 208). Und die ›materielle Verfügung‹ ist bis heute auch Verfügung über die Arbeit anderer, welche die Grundlage des eigenen Wohlstands bildet. Dass einige mehr haben als die große Zahl der anderen, erschien Nietzsche als Naturgegebenheit. Davon, dass man dies einsehe und gutheiße, versprach er sich eine Genesung der abendländischen Zivilisation durch ihre Selbstüberwindung. Adorno hat solche Windungen nicht mitgemacht. Zwar hat er sich Nietzsches Terminologie angeeignet, aber mit einer ganz anderen, einer radikal herrschaftskritischen Stoßrichtung: »Alle Moral hat sich am Modell der Unmoral gebildet und bis heute auf jeder Stufe diese wiederhergestellt. Die Sklavenmoral [...] ist immer noch Herrenmoral.« (GS 4: 210)

Nietzsches herrschaftsapologetische Konstruktion der Geschichte von Herren- und Sklavenmoral hat Adorno ihm nicht durchgehen lassen. Für die Vision der ›neuen Tafeln‹ – also die Ethik der ›Umwertung aller Werte‹, die dem Übermenschen durch Transzendierung der judäo-christlichen ›Sklavenmoral‹ des Abendlandes den Weg bereiten soll – fand er deutliche ideologiekritische Worte: Nietzsches vermeintlich neue Normen »sind in Wirklichkeit alle feudale Normen, die unmittelbar in einer bürgerlichen Gesellschaft gar nicht zu realisieren sind; sie sind [...] ein romantisches Ideal, das unter der Herrschaft des Profits ganz und gar ohnmächtig ist. Sie kommen aber dieser Herrschaft des Profits zugleich auch zugute« (N Abt. IV, 10: 257). Denn »gerade diese neuen Werte, die dem expansiven Wilhelminischen nachsiebziger Reich sich entgegengestellt haben, sind gegen ihren eigenen Willen, aber objektiv die Ideologie des expansiven Imperialismus geblieben« (ebd.). Gleichwohl stimmte Adorno Nietzsches (von ihm sozusagen gegen den Strich gelesenen) Diagnose vom Gewaltfundament sozialer Herrschaft zu, das sich in Selbstbeherrschung transformiert.

Aber noch einmal zurück zur »Urgeschichte der Subjektivität« (Habermas 1969: 27), die in der *Dialektik der Aufklärung* als Verinnerlichung gesellschaftlicher Herrschaft über äußere und innere Natur rekonstruiert wird. Adorno sprach von der »Transformation des Opfers in Subjektivität« (GS 3: 74): Selbstkonstitution als Selbsterhaltung durch Herrschaft produziere Selbstverleugnung. »Vor den Göttern besteht nur, wer sich ohne Rest unterwirft. Das Erwachen des Subjekts wird erkauft durch die Anerkennung der Macht als des Prinzips aller Beziehungen.« (24). Die grausame Tötung (von Menschen der eigenen Gemeinschaft oder von Säugetieren, die stellvertretend für sie stehen) wird nach und nach in zivilisierte Praktiken transformiert. Doch im Kern bleibt das Opfer, eine ritualisierte Unterwerfung unter Fremdgewalt, selbst da noch dem sozialen Zusammenleben eingeschrieben, wo die physische Gewalt sich hinter ihrer Spur, ihrer traumatischen Einschreibung in den menschlichen Körper, verbirgt.

Die *Idee* des Opfers, wenn man so will, ist Adorno zufolge der Tausch von Äquivalenten. In den bürgerlichen Gesellschaften der Moderne hat sich diese Idee scheinbar ganz und gar versachlicht. Hier fließt kein Blut mehr; hier ertönen keine qualvollen Schreie, die mit Trommelschlägen und lautem Blasen in Tierhörner überdeckt werden (Türcke 2012: 20ff.). Hier wird kein geopfertes Stammesmitglied anschließend, in kollektiver schreckhafter Verzückung, verzehrt. In der Moderne wird jenes *mysterium tremendum*, als das der Religionswissenschaftler Rudolf Otto den ehrfürchtigen Schauder vor der Gewalt der Gottheit bezeichnet hat, immer weniger rituell inszeniert. Otto zufolge offenbart sich das Bedrohliche den Menschen im geheiligten Bezirk als überwältigende Allherrschaft. Sie löst nicht nur Schrecken aus, sondern, als *mysterium fascinosum*, auch Verzückung. In der Phantasie wird sie zur Schutzmacht umgestaltet. Adorno zufolge ist schon da jene naturbeherrschende Zweckrationalität am Werk, die dann in der Neuzeit, wie Max Weber es formulierte, davon ausgeht, »daß man [...] alle Dinge – im Prinzip – durch Berechnung beherrschen könne« (Weber 1919: 594). Weber nannte diesen weitreichenden Vorgang bekanntlich die »Entzauberung der Welt«: Naturgewalten werden nicht mehr als göttliche Mächte aufgefasst, die man mit »magischen Mitteln« zu beherrschen oder gnädig zu stimmen versucht, sondern als Naturkräfte, die durch »technische Mittel und Berechnung« (ebd.) zu unterwerfen sind.

Herrschaft ›als Verfügung über fremde Arbeit‹ (N Abt. IV, 10: 257) ist die Geschäftsgrundlage auch der entfalteten industriekapitalistischen Gesellschaften der Moderne. Sie entfernt die Menschheit von dem vernünftigen Ziel, das doch in ihr aufbewahrt ist: dem Ziel der philosophischen Aufklärung, der »Idee einer vom Naturzwang befreiten Gesellschaft« (GS 4: 127). Beherrschung der äußeren und inneren Natur, die solange gleichsam blindlings stattfindet, wie keine solidarisch-vernünftige Selbstbesinnung der Menschen *als Menschheit* stattfinden kann, setzt den Naturzwang fort. Für Adorno hat die menschliche Geschichte, die eine in Freiheit und Selbstbestimmung wäre, noch gar nicht begonnen. Die Menschheit hat sich noch nicht aus ihrer Naturgeschichte herausgearbeitet, »Fortschritt und Regression« (131) sind ineinander verschränkt.

Die philosophische Konsequenz aus dieser Einsicht darf Adorno zufolge allerdings nicht sein, aus dem aufklärerischen Prozess auszusteigen. In einer Frankfurter Vorlesung hat er das Ende der 1950er Jahre so formuliert:

»Wenn man immer wieder auf eine Dialektik der Aufklärung stößt, also auf eine Dialektik der Rationalität
derart, daß man feststellen muß, was alles auf dem Weg
der Aufklärung, auf der Bahn der Aufklärung an Opfer und
Unrecht liegenbleibt, dann kann und darf das nicht
bedeuten, daß man hinter diese Aufklärung wieder
zurückgeht, daß man irgendwelche Naturschutzparks von
Irrationalitäten anlegt, sondern es kann und darf lediglich
das bedeuten, daß diese Wundmale, die die Aufklärung
hinterläßt, zugleich auch stets die Momente sind, in
denen Aufklärung selber als eine noch partielle, als nicht
aufgeklärt genug gewissermaßen sich erweist, und daß
nur dadurch, daß man ihr Prinzip konsequent weiterver-
folgt, diese Wunden vielleicht geheilt werden können.«

(N Abt. IV, 2: 266)

Heute ist die In-Wert-Setzung, die Kommodifizierung von Natur
über den Punkt hinaus, bis zu dem sie fortschrittlich im huma-
nen Sinne gewesen ist. Naturbeherrschung, die als Selbstzweck
gilt, verringert die Freiheitsspielräume wieder, die Naturbeherrschung schafft, sofern sie als Mittel zur menschlichen Emanzipation verstanden wird. Das ›Projekt der Moderne‹ wird von
einer instrumentellen Rationalität dominiert, die der Logik der
kapitalistischen Akkumulation folgt. Adorno wollte dieses Projekt nicht per se fortsetzen. Für ihn war eine Kritik an den heteronomen sozialen und ökonomischen Bedingungen, unter
denen sich die technischen Produktivkräfte entfalten, an der
Zeit. Die Transformation in Kritik knüpft an das Fortschritts-
konzept der Aufklärung an, dessen Horizont nichts Geringeres
sei als die »Versöhnung mit der Natur« (GS 10: 623).

Ohne Naturbeherrschung durch Wissenschaft und Technik
kein Überleben, aber auch keines ohne gesellschaftliche Beherrschung der Naturbeherrschung (siehe dazu D. Klein 2019). Die

›Fridays For Future‹-Bewegung hat davon eine recht genaue Ahnung. Ein ›New Green Deal‹ auf der Nordhalbkugel der Erde, der die Phase der neoliberalen Wirtschafts- und Industriepolitik beendet und durch eine neo-keynesianische Infrastrukturpolitik ersetzt, könnte die ökologische Katastrophe für einige Zeit aufschieben. (Vorausgesetzt, der faschistische Machthaber in Brasilien akzeptiert Kompensationen und stoppt die Vernichtung des Regenwaldes bzw. wird abgewählt). Aber ein ›New Green Deal‹ wird die Ursachen der Naturausbeutung nicht beseitigen. Diese liegen wesentlich im Wachstumszwang begründet, den das Gesetz der kapitalistischen Akkumulation hervorbringt. Unter dem Diktat des Wirtschaftswachstums wird der afrikanische Kontinent auf massive Weise jenem Gesetz unterworfen werden. Im Norden wird man Kämpfe um Trinkwasser erleben, die die Vorstellungen weit überbieten könnten, die man sich gegenwärtig davon macht (siehe Kößler 2013; Lessenich 2016; Brand/Wissen 2017).

Adorno und die BRD

Wie gesagt: Lukács' Narrativ vom »Grandhotel Abgrund« führt in die Irre, und auch am Bild des Frankfurter Instituts als Kompetenzzentrum zur intellektuellen Gründung der Bundesrepublik Deutschland stimmt Entscheidendes nicht. Adorno hat immer wieder seine Kritik an den Geburtsfehlern des Bonner Projekts betont. Personelle und strukturelle Kontinuitäten würden den radikalen Bruch mit dem autoritären Vorgängerstaat verhindern und einer ›Aufarbeitung‹ der deutschen Verbrechen zwischen 1933 und 1945 im Wege stehen, die diesen Namen verdient hätte. In der BRD hatte sich die soziale Herrschaftsform geändert, aber die grundlegenden Eigentumsverhältnisse, die profitorientierte Verfügung über Arbeit und Dienstleistungen, waren bestehen geblieben. Solange kann es aus der Perspektive kritischer Theorie keine wahrhafte Freiheit geben. Die wäre erst möglich, wenn die Menschen Subjekte ihrer gesellschaftlichen Praxis wären, nicht Objekte wirtschaftlicher Inwertsetzung und politischer Verwaltung. Die demokratische Herrschaft, die die autoritäre abgelöst hatte, sei jederzeit in Gefahr, ihre neuen Freiheitsspielräume wieder preiszugeben.

Horkheimer und Adorno waren den Verbrechen entkommen; sie kehrten aus freien Stücken ins Land der Mörderinnen und Mörder zurück. Das Lebensgefühl der Rückkehrer war gleichwohl nicht das ihre, denn die Rückkehr nach Frankfurt war eben keine Heimkehr. »Heimat ist das Entronnensein«, hatte Adorno im Exil für die *Dialektik der Aufklärung* formuliert (GS 3: 97): also etwas, das es noch gar nicht gibt; allenfalls eine Vorstellung, die auf eine bessere Zukunft vorausdeutet. Im Frühling 1960 notierte Adorno im Tagebuch: »Es ist ein nicht wieder gut zu machendes Unglück, daß in Deutschland alles, was irgend mit dem Glück der Nähe, Heimat, zu tun hat, der Reaktion verfallen ist; [...] dem Nationalismus, schließlich dem Faschismus. An keinem alten Winkel kann man sich freuen ohne sich zu schämen und ohne Gefühl der Schuld. Dadurch geht etwas verloren was dem Fortschritt zu retten wäre [...]. Einer befreiten Menschheit wäre die qualitative Vielfalt des Vergangenen, Überholten entsühnt.« (Adorno 1943–1969: 13f.)

Er und Horkheimer wollten mit jungen Menschen daran arbeiten, dass die praktische Selbstbefreiung der Menschen von dem gelingt, was mit Hilfe kritischer Theorie zu begreifen ist: von einem gesellschaftlichen Bewegungsgesetz, das die bürgerliche Gesellschaft in den autoritären Staat übergehen lässt. Adornos akademische Leuchtkraft und seine Präsenz in den Printmedien und im Rundfunk hatten, wie gesagt, erheblichen Einfluss auf das kulturelle Klima. In Frankfurt und anderswo warf er mit Horkheimer viele kleine Steine ins Wasser, und die

Kreise an der Wasseroberfläche wurden immer größer. Sie setzten auf die *reeducation*, auf die Integration der BRD ins westliche Bündnis und lehnten es ab, mit Philosophen und Soziologen der DDR zu kooperieren. Übrigens lehnte auch Marcuse, Horkheimers engster philosophischer Mitarbeiter in den 1930er Jahren, Ende der 1940er Jahre einen möglichen Ruf auf eine Philosophieprofessur in Leipzig im Vorfeld ab; berufen wurde dann Ernst Bloch, der es immerhin bis 1961 in der DDR aushielt.

Ein paar Schritte mag man also mit Tenbruck und seinem Schüler Albrecht mitgehen, aber im Ganzen trügt die Rede von der »intellektuellen Gründung der Bundesrepublik«. Das Institut für Sozialforschung ging zwar Zweckbündnisse mit den politisch Herrschenden und ihren Institutionen ein. Es untersuchte z.B., bald nach der umstrittenen Wiederbewaffnung, die Mentalitäten, die innerhalb der Bundeswehr vorherrschten. Das war nicht als Beitrag zur Abschaffung oder zur Unterwanderung der Armee gedacht, aber auch nicht als Beitrag zu ihrer Festigung. Es geschah aus wissenschaftlichem Interesse und aus taktischem: Man wollte nicht noch einmal emigrieren müssen. Und wenn es sich doch als unvermeidlich erweisen sollte, wollte man die Zelte rechtzeitig abbrechen können. – Vielleicht wäre das tatsächlich geschehen, wenn die Ergebnisse der Studien Tendenzen an den Tag gebracht hätten, die man heute befürchten müsste, wenn eine kritische Untersuchung der rechten Mentalitäten stattfinden würde, die in den bewaffneten Schutz- und Repressionsorganen des Staates gedeihen.

Treffender als die Tenbruck-Darstellung ist die des Soziologen Alex Demirovic. Er beschreibt die Geschichte der Frankfurter Schule in der Bundesrepublik zwischen 1949 und 1969 als Projekt, bei dem »nonkonformistische Intellektuelle« im Kontext von Forschung, Lehre und Publikationen ausgebildet werden sollten. Demirovic hat sich bei seiner Darstellung, die auf jahrelangem Quellenstudium im Archiv des Frankfurter Instituts beruht, methodologisch an Michel Foucaults Konzept der ›Wahrheitspolitik‹ sowie an den Konzepten der ›Zivilgesellschaft‹ und der soziokulturellen ›Hegemonie‹ des italienischen Kommunisten Antonio Gramsci orientiert. Er zeigt, wie Horkheimer und Adorno mit einer Gruppe geistig oppositioneller Forscher und Forscherinnen Vernunft und Aufklärung in Diskursen etablierten und dabei der komplizierten Beziehungen dieser Diskurse zur gesellschaftlichen Praxis eingedenk waren. Ihre Diagnose war, dass Vernunft als philosophischer Leitbegriff gesellschaftlicher Praxis ausgehöhlt oder gleich ganz ad acta gelegt worden sei. Sie beriefen sich also auf das, was sie zugleich kritisierten, nämlich »auf den der bürgerlichen Gesellschaft innewohnenden Rationalitätsmaßstab« (Demirovic 1999: 36). Die Kritik sollte aber nicht darauf hinauslaufen, ein überholtes Ideal zu restaurieren. Sie zeigte vielmehr, wie Vernunft als Leitbegriff sich selbst durch Formalisierung und Instrumentalisierung neutralisiert habe. Nur über die Anbindung an gesellschaftsverändernde Praxis könne ihr Potential wieder aktualisiert werden; diese Praxis sei aber bis auf Weiteres *Theoriearbeit*, nämlich wissenschaftliche und publizistische Kritik.

Kritische Theorie war also »ein Moment des objektiven Geistes der Bundesrepublik geworden«, und sie hatte »die Spielräume für Gesellschaftskritik vergrößert und demokratisiert« (Demirovic 1999: 951). Die Aktivität von Adorno im befreiten Deutschland als Hochschullehrer und im wieder eröffneten Frankfurter Institut belegt, dass auch für ihn eine Maxime galt, die Gramsci einst formuliert hatte: pessimistisch in der Theorie, optimistisch in der Praxis. Ziel von Adornos Aktivität war jedoch nicht die Konsolidierung der Klasse der Arbeiter:innen als revolutionäres Subjekt, sondern die Aufklärung über gesellschaftliche Widersprüche, die radikale befreiende Veränderungen einstweilen blockieren.

»Anders als es die Kritische Theorie erwarten ließ, konnten Horkheimer und Adorno [...] die zivilgesellschaftliche Konstellation und den Konsens in der Bundesrepublik prägen. Dieser unerwartete Erfolg weist insofern auf ein historisch neuartiges Muster der Konsensbildung hin, als nun wenigstens zeitweilig gesellschaftskritisches und oppositionelles Wissen zum legitimen Maßstab der Lehre an den Universitäten, der Äußerungen in den Medien, der Kritik in Musik und Literatur wurde.«

(Demirovic 1999: 30)

Doch der Konsens war fragil. Schon in den späten 1960er Jahren schieden sich die Geister an der spektakulären Weise, in der sich die Bildungsinstitutionen öffneten. Der radikale Flügel der Studierendenbewegung, der von Adornos Lehre und von Horkheimers früheren Schriften geprägt war, glaubte, öffentliche Protestaktionen könnten eine gesamtgesellschaftlich revolutionäre Situation herbeizwingen. Marcuse meinte, aus der Perspektive seiner Erfahrungen in den USA, mit solch einer Fehleinschätzung könne man leben, wenn sich dadurch das Widerstandpotential überhaupt vergrößere. Adorno wandte sich jedoch gegen den studentischen Aktionismus, er hielt die nachteiligen Folgen jener Fehleinschätzung für weitaus gewichtiger. Er verweigerte sich der Instrumentalisierung geistiger Arbeit für politische Propaganda. Praxis- und Bekenntniszwang setze das kritische Bewusstsein unter Druck, der zu Denkverboten führe. Der Konkretismus bewirke, dass die Spannkraft des Gedankens nachlasse, sobald die überspannten Erwartungen enttäuscht würden. Dies werde zwangsläufig eintreten und am Ende jenen Konformismus befördern, den es doch durch kompromissloses Denken zu bekämpfen gelte (Demirovic 1999: 940).

Die Lesart der ›intellektuellen Gründung der BRD‹ durch das Frankfurter Institut ist von links, sozusagen mit umkehrten Vorzeichen, gegen Adorno gewendet worden. Ein Jahr nach Adornos Tod hat der Soziologe Otwin Massing eine Broschüre mit dem Titel *Adorno und die Folgen* publiziert. Adornos politische Abstinenz, behauptete er dort, habe dazu geführt, dass kritische Theorie daran scheitern müsse, die gesellschaftliche Wirklichkeit der post-nationalsozialistischen Demokratie in der Bundesrepublik Deutschland auf den Begriff zu bringen: Adornos *Negative Dialektik*

> »ratifiziert und rationalisiert die panische Angst des bürgerlichen Intellektuellen sowohl vor der konkreten politischen Analyse wie vor dem praktischen Engagement [...]. Am kapitalistischen Restaurationsprozeß der Nachkriegsperiode weiß sie kaum dingfest zu machen, was [...] die Emanzipation konkret verhindert haben mag, außer daß das Tauschprinzip alles verhext habe. Das Pauschalurteil, der Zustand des Ganzen hintertreibe die mögliche Emanzipation [...], hat demgegenüber die Funktion eines [...] Alibis.«   (Massing 1970: 43)

Spätestens die Wirkungsgeschichte hat an den Tag gebracht, was daran schon damals falsch gewesen war. Was tatsächlich scheiterte, war Massings Versuch, Adornos kritische Theorie zu erledigen. Der Soziologe warf Adorno letztlich vor, dass er Philosoph war und kein Volkswirtschaftler.

> »Trotz unablässiger Beschwörung des totalen gesellschaftlichen Interdependenzzusammenhanges wird [...] deutlich, daß das Oeuvre Adornos es weitgehend mit Teilproblemen zu tun hat und daß zentrale Bereiche des gesellschaftlich-öffentlichen Lebens in ihm als blinde Flecken in Erscheinung treten. Der Mangel an ausgeführter politischer Ökonomie ist dafür symptomatisch.« (Ebd.)

Es scheint, als habe der marxistisch auftrumpfende Kritiker hier die politische Ökonomie, also die Volkswirtschaftslehre, mit ihrer Kritik verwechselt.

Noch ein Vierteljahrhundert später ist das Defizit eines wirtschaftstheoretischen Fundaments von Adornos Variante kritischer Theorie bemängelt worden (Johannes 1995). Dirk Braunstein hat mittlerweile die immer noch verbreitete Ansicht gründlich widerlegt, Adorno habe auf die philosophische Kritik ökonomischer Bestimmungen der bürgerlichen Gesellschaft verzichtet. Es gebe »keinen Ökonomen Adorno wieder- oder neu zu entdecken«, fasst er die Resultate seiner Studie über *Adornos Kritik der politischen Ökonomie* zusammen:

> »wohl aber einen Kritiker der politischen Ökonomie, der in vielerlei Hinsicht über Marx' Kritik hinausgeht, wenngleich er freilich sehr häufig hinter dessen ökonomischer Sachkenntnis zurückbleibt. [...] Adornos Ökonomiekritik ist Kritik von Ökonomie überhaupt, die als ein An-Sich die universale Rationalität für alle ist; an jenen metaökonomischen Prinzipien, nach denen die Welt zwangsweise eingerichtet ist.«
>
> (Braunstein 2016: 13 und 392)

Der neuralgische Punkt von Adornos eigensinnigem Marxismus ist das Konzept des Tausches. Adorno zufolge sind die Industriestaaten der zweiten Hälfte des 20. Jahrhunderts politische Erscheinungsformen von Tauschgesellschaften. Der Warentausch ist zum universalen Prinzip geworden, und zwar auch in der Hinsicht, dass nichts mehr um seiner selbst willen bestehen oder gelten darf, sondern nur noch im Hinblick auf seine Austauschbarkeit – im Hinblick auf die Konditionen, zu denen sein Wert gegen Anderes verrechnet werden kann. Nicht nur Artefakte würden diesem Diktat unterworfen, auch alles Lebendige und sämtliche Objektivationen menschlichen Geistes. Nichts sei mehr um seiner selbst willen irgend von Belang, alles zähle nur noch sub specie seiner Austauschbarkeit.

Das Prinzip des Äquivalententauschs – nach Marx die Grundlage bürgerlich-kapitalistischer Produktion und Vergesellschaftung – war in Adornos Augen die historische Spezifikation eines universalen Prinzips, das er bereits in der Antike am Werke sah. In den bürgerlichen Gesellschaften des 19. und 20. Jahrhunderts habe sich das Prinzip des Äquivalententauschs, unter dem Diktat der fortgeschrittenen Ökonomie, universal entfaltet. Nicht mehr der spezifische Gebrauchswert von etwas zähle, nur noch sein Tauschwert. Dieser habe sich auch im Bereich der Kultur durchgesetzt (das ist die Quintessenz von Adornos Theorie der »Kulturindustrie«). Auch dem wissenschaftlichen, quantifizierenden und statistischen Denken habe das Äquivalenzprinzip seine Logik des *Maß für Maß* aufgeprägt. Im logischen Gebot, dass begrifflich formulierten Aussagen Allgemeinheit und Allgemeingültigkeit zukommen muss, weil es vom Einzelnen keine Wissenschaft geben könne (so die Lehre des Aristoteles), manifestiere sich die Subsumtion des je Besonderen unter das gedanklich Allgemeine. Sie habe sowohl ein Fundament in der sozialen als auch in der wirtschaftlichen Allgemeinheit. »Die bürgerliche ratio, als Tauschprinzip, näherte die Realität immer mehr dem System an, ließ immer weniger draußen« (N Abt. IV, 16: 242), heißt es in den Notizen zur Frankfurter *Vorlesung über Negative Dialektik*.

Adorno wollte nicht hinter das begriffliche Denken zurückfallen. Aber er wollte eine philosophische Form finden, die dessen Aporie auf den Begriff bringt. Er wollte Konstellationen von Begriffen zu Gestalten deutender Lektüre des Seienden zusammenstellen, die über das Unterordnen des Qualitativ-Besonderen unter das (sozial determinierte) Quantitativ-Allgemeine hinaus wäre. »Insofern ist das Ideal der Philosophie die Deutung, die ihrem traditionellen Begriff tabu war.« (180) Dies wiederum war für ihn das gedankliche Gegenstück zu einer gesellschaftlichen Lebensform, in der sich das Prinzip des Äquivalententauschs dadurch aufheben solle, dass es überhaupt erst erfüllt werde. Der Grund ist, dass »im Tausch die Qualitäten nicht einfach verschwinden, sondern zugleich auch festgehalten werden. Einem, vom Tausch befreiten, Gesellschaftsprozeß fielen die Qualitäten zu.« (173) Wenn den Menschen, die ihre Arbeitskraft als Ware verkaufen müssen, nicht mehr bloß gerade so viel Geld dafür erhalten würden, dass es zum Erhalt ihrer Arbeitskraft (unter Berücksichtigung der durchschnittlichen gesellschaftlichen Erwartungen und Zivilisationsstandards) reicht, sondern den tatsächlichen Gegenwert für das, was sie in der gemessenen Zeit an Wert produzieren, dann wäre dem Äquivalenzprinzip Genüge getan – und die kapitalistische Produktion überwunden. Denn die basiert auf dem allgemeinen Gesetz der kapitalistischen Akkumulation: Der Mehrwert – der in der Produktion aus der Differenz zwischen dem produzierten Wert und der kleineren Wertmenge, die die Arbeitenden als Lohn erhalten, entsteht – muss, wenn er auf dem Markt als Profit realisiert werden konnte, immerfort neu investiert werden, damit mehr Profit erwirtschaftet werden kann.

Der Haken an Adornos Modell der Transzendierung der Tauschgesellschaft durch Erfüllung ihres Prinzips ist, dass er es auf eine Art und Weise von Marx herleitet, die philologisch und hermeneutisch nicht ganz exakt ist. Der frühe Marx war philosophisch davon ausgegangen, dass es gelte, die Wirklichkeit der bürgerlichen Gesellschaft mit ihren eigenen Leitbegriffen zu konfrontieren. Das Programm kritisch-praktischer Tätigkeit sei die Arbeit an der konkreten Verwirklichung der abstrakten Prinzipien Freiheit, Gleichheit und Gerechtigkeit. Der späte Marx hingegen hatte ökonomiekritisch argumentiert: Die bürgerlichen Begriffe Freiheit, Gleichheit und Gerechtigkeit seien adäquat so angelegt, dass sie die wirkliche Grundlage der kapitalistischen Lohnarbeit schaffen. Sie könnten daher gar nicht praktisch eingelöst werden, indem Lohnarbeiter:innen ein ›gerechter Lohn‹ gezahlt wird. Denn jene Leitbegriffe seien bereits verwirklicht, und zwar, so die ideologiekritische Pointe: in notwendig falscher Gestalt. An ihre Stelle müssten gänzlich andere Begriffe und Arbeitsformen treten. Dies sei ebenso die Voraussetzung einer revolutionären Veränderung, wie es zugleich auch erst deren Ergebnis sein könne.

Vermutlich wollte Adorno genau darauf hinaus, aber er hat diesen Gedanken nicht ausdrücklich von Marx hergeleitet. Gleichwohl kann man Adornos Intention beipflichten, wenn er in der zitierten Vorlesung festhält, Marx habe unter kritischer Wissenschaft verstanden, »daß man theoretisch die Gesellschaft begreifen und theoretisch aus ihrem eigenen Begriff – nämlich dem Begriff des Tauschs – entwickeln muß, um richtig handeln zu können« (74). Denn, wie Hans-Ernst Schiller schreibt:

> »Für Marx war [...] der Kern des Tauschprinzips die ›Wertabstraktion‹, die Identifizierung der Produkte als Werte, und die Substanz des Werts war die Verkörperung des Allgemeinbegriffs Arbeit überhaupt. Auf dieser Grundlage kann der quantitative Aspekt, das was die Tauschenden praktisch interessiert – wieviel von x bekomme ich für mein y – interpretiert werden als die Darstellung der jeweils im gesellschaftlichen Durchschnitt notwendigen Arbeitszeit«.   (Schiller 2020: 181)

Adornos Konzept einer *deutenden* Philosophie, die über die Subsumtionslogik hinausgelangen möchte, knüpft also an die von Marx hergeleitete Kritik tragender Begriffe an, die falsche Zustände richtig beschreiben, ohne das Falsche an ihnen treffen zu können.

Massings Behauptung, Adornos Kritik, die auf das gesellschaftliche und kulturelle Ganze des »Spätkapitalismus« zielt,

sei lediglich ein Alibi für freiwillig gewählte politische Ohn-
macht, war seinerzeit häufig zu hören. Fünf Jahre vor Massing,
der Adorno politische Abstinenz und panische Angst vor politischer Analyse unterstellte, hatte Günter Grass ein (veritables,
wenn auch nicht justitiables) Schmähgedicht publiziert. Es
zeichnete die Karikatur eines Adorno, der sich beim Sprechen
begeistert im Spiegel betrachtet und nicht bemerkt, dass Nazis
auf dem Weg in seine Studierstube sind, um ihm die Zunge he-
rauszuschneiden. Diesen Körperteil ließ Grass metonymisch
für Adornos elaborierte, bisweilen artistische Sprache stehen
(siehe Zimmermann 2007). Ob Grass in »Adornos Zunge« von
1965 eigene Gewaltphantasien aus seiner Jugend im Nazikampf-
bund verarbeitet hat, über die er erst lange Zeit später, den er-
sehnten Nobelpreis im Portfolio, öffentlich sprach? Wer weiß.
Gewiss ist, dass Grass Adornos Tagebuchaufzeichnungen nicht
kannte, die inzwischen auszugsweise veröffentlicht wurden.
Diese Stücke aus dem Nachlass, die oft wie Fortsetzungen der
Minima Moralia wirken und Probleme des falschen Lebens aus
subjektiver Sicht behandeln, ähneln mitunter den Betrachtun-
gen der französischen Moralisten aus dem 17. und 18. Jahrhundert. Sie sind nur viel unverblümter. So dachte Adorno im
Herbst 1960 über das Unbehagen beim Küssen und beim Cun-
nilingus mit Sexarbeiterinnen nach. Er führte es darauf zurück,
dass diese Lust heucheln müssen, die sie nicht haben (Adorno
1943–1969: 19). Soviel zum Thema »Adornos Zunge«. – Die Kritik des SPD-Wahlhelfers Grass wirkt abstrus, wenn man sich
etwa Adornos Vorträge über den autoritären Charakter und das
Problem des Rechtsradikalismus ansieht, die er in den 1960er
Jahren mit starker Resonanz gehalten hatte.

Einige Studierende, die gegen Ende der 1960er Jahre gegen
die Bonner Regierung aus Christdemokraten und Sozialdemo-
kraten und gegen das soziokulturelle Klima rebellierten, das
diese Regierung verkörperte, waren beleidigt, weil Adorno sich
ihren Sponti-Aktionen nicht anschloss und auf gewaltsamen

Druck nicht mit Unterwerfung reagierte. Sie hatten natürlich im Voraus gewusst, dass er das nicht tun würde, trumpften aber umso lauter auf. Anstatt rechte Hochschullehrer (nicht wenige mit Nazi-Vergangenheit) durch praktische Kritik zu konfrontieren, hatten viele Rebell:innen alle Hände voll damit zu tun, ambivalente Einstellungen zu ihren verehrten linken geistigen Vätern in öffentlichen Spektakeln auszuagieren. Adornos Freund Ulrich Sonnemann hat berichtet, wie Adorno sich zunächst »über jede glückende Rebellionsregung [...] der oppositionellen Studenten, jeden Anflug von Geist, phantasievoller Polemik, von Witz [...] wie ein Schneekönig [...] gefreut habe« (Sonnemann 1971: 158). Nach dem Attentat auf Rudi Dutschke gab es keinen Anlass mehr zur Freude. Im Mai 1968 sprach Adorno in seiner Vorlesung von »pogromartigen Vorgängen« gegen die Berliner Studierenden (N Abt. IV, 15: 83). Er führte sie auf die Hetze der Springer-Presse zurück, aber auch auf ein »Potential« in der Bevölkerung, ohne die jene Hetze wohl kaum Wirkung zeitigen könnte: den »Anti-Intellektualismus« (85).

Sonnemann hat die spektakulären Inszenierungen der studentischen Protestbewegung später spitzzüngig als »Narzißmus des verfrühten Feierns« (Sonnemann 1998: 252) bezeichnet. Er sei in »ein terroristisches Sandkastenspiel« umgeschlagen,

> »das der Hetze der Lynchpresse und der Mordlust uniformierter Rabauken zu ungleich wirklicherem Terror so konzeptionslos Vorwände lieferte, als sei die Leitung der deutschen Studentenbewegung von agents provocateurs der etablierten Sozialmächte übernommen worden«.
> (Sonnemann 1971: 157f.)

So weit ist Adorno in seiner Einschätzung nicht gegangen – auch nicht, nachdem ihn Studentinnen mit entblößtem Oberköpern symbolisch zu vergewaltigen versucht hatten. Die aktionistischen Aktivitäten der APO waren ihm aber nicht bloß aus stilistischen Gründen suspekt. Er befürchtete, hinter der Maske des politischen Aktivismus stecke geistfeindlicher Konformismus. »Daß die APO sich darauf verbeißt, ihren Freunden ein Bein zu stellen statt ihre Feinde – die sie immernoch kaum wahrnimmt – zu schwächen, ist auf eine stereotype Art deutsch«, schrieb Sonnemann im Januar 1969 in einem Brief an Adorno. Sonnemann fuhr fort: »Ich hoffe, Sie lassen sich dadurch so wenig aus der Ruhe wie von der Förderung der Unruhe abbringen. Sie geht in diesen Studenten nicht zu weit, sondern nicht annähernd weit genug.« (Adorno-Sonnemann 1957–1969: 212)

Doch Adornos Kräfte hatten Grenzen. Es ist oft geschrieben worden, dass ihm die Auseinandersetzungen mit den bewegten Studierenden am Ende die Lebenskraft genommen hätten. »Bis heute schwingen Gerüchte nach, Adorno sei an dem Konflikt mit seinen Studenten zugrunde gegangen«, schreibt Detlev Claussen (2003: 395), der auf jene Gerüchte aber nicht allzu viel gibt. Sicherlich ist der Stress, dem Adorno durch studentische Attacken ausgesetzt war, nicht gering zu veranschlagen. Schwerer trafen ihn freilich die kommunistischen Diffamierungen gegen seinen Einsatz für das Werk Walter Benjamins. Doch der schwerste Schlag war wohl, wie Rolf Tiedemann mir Ende der 1980er Jahre erzählte, dass Adornos Freundin Arlette ihn damals verlassen hatte – wegen ›eines Kapellmeisters‹.

Poetik und Erinnerung
nach Auschwitz

Der Literaturwissenschaftler Wolfgang Johann hat 2018 unter
dem Titel *Das Diktum Adornos. Adaptionen und Poetiken. Rekonstruktion einer Debatte* eine Dissertation zum neusten Stand einer Debatte vorgelegt, die Adorno 1949 gleichsam mit einem Pauken-
schlag begonnen hatte. Sie beschäftigt die deutschsprachige
literarische Welt bis heute. Adorno hatte seinerzeit notiert:

> »Kulturkritik findet sich der letzten Stufe der Dialektik von
> Kultur und Barbarei gegenüber; nach Auschwitz ein
> Gedicht zu schreiben, ist barbarisch, und das frißt auch
> die Erkenntnis an, die ausspricht, warum es unmöglich
> ward, heute Gedichte zu schreiben«.   (GS 10: 30)

Dies löste eine jahrzehntelange, mitunter skandalisierende
Kontroverse über kritische und künstlerische Praxis aus; Petra
Kiedaisch hat sie 1995 gründlich dokumentiert. Heute gehört
Adornos memento für viele deutschsprachige Schriftsteller:innen
zum festen Bestand des Nachdenkens über die eigne Produktion
und über die Kultur der Gegenwart. Dass diese eine prekäre
Angelegenheit ist, gilt weithin als Einsicht, hinter die man nicht
zurückfallen darf. Nicht nur, wenn es um den Völkermord an

© Springer-Verlag GmbH Deutschland, ein Teil von Springer Nature 2021
G. Schweppenhäuser, *Adorno und die Folgen*, https://doi.org/10.1007/978-3-476-05822-5_3

den europäischen Juden geht, doch dann umso mehr. Der Lyriker Max Czollek hat es so ausgedrückt:

> »In Deutschland sind Holocaust-Geschichten immer kathartische Geschichten, weil die Erzeugung des deutschen Selbstbilds eng mit der Abgrenzung von der Shoah verbunden ist. Aber das Problem reicht noch weiter. Theodor W. Adorno hat geschrieben: ›Ein Gedicht nach Auschwitz zu schreiben ist barbarisch.‹ Das Erlebnis gelungener Kunst ist eine Form von Genuss. Das ist nicht nur bei diesem Thema ein Problem.« (Czollek 2018)

Es war ein langer Weg, bis sich dieses Problembewusstsein etabliert hatte. Nach dem Zweiten Weltkrieg wussten die Gebildeten in Deutschland, dass Adorno der Musikexperte war, der Thomas Mann bei der Arbeit am *Doktor Faustus* beraten hatte. Ansonsten war er nur Spezialist:innen der Philosophie bekannt. Nun war Adorno also ins Land der Täter:innen zurückgekehrt und stellte eine doppelte These auf: Auschwitz sei Ort und Indikator des Scheiterns bürgerlicher Kultur, und angesichts dessen sei eine überlieferte Sparte des bürgerlichen Kulturbetriebs obsolet geworden, nämlich die journalistische Kulturkritik. Also jenes Gebiet, auf dem Adorno sich vor der Emigration bewegt hatte, vor allem als Musikkritiker und -journalist. Und es sei »barbarisch«, also kulturwidrig, geworden, wenn man sich nach wie vor in jenem dichterischen Medium äußert, das als Inbegriff höchster Kultur gilt – so, als wäre nichts geschehen oder als sei es legitim, einen Strich unter das Geschehene zu ziehen und weiterzumachen.

Exkurs: Faust-Lektüren nach Auschwitz

1947 phantasierte der Germanist Emil Staiger in einem Beitrag für die *Hamburger Akademische Rundschau* über das segensreiche Vergessen am Beginn des zweiten Teils der *Faust*-Tragödie von Goethe. Dieses Werk gehört zwar in eine andere literarische Gattung, doch da Goethes Verse wie wenig andere in die deutschsprachige Kulturtradition eingegangen sind, sei an dieser Stelle ein Exkurs gestattet. Er kann im Übrigen auch deutlich machen, warum Adorno der Ansicht war, dass »die Gegensätze« zwischen Staiger und ihm »so extrem sind, daß [...] selbst die Möglichkeit einer Diskussion zwischen Herrn Staiger und mir dadurch ausscheidet« (N Abt. IV, 15: 257).

Zur Erinnerung: Faust hat seine Geliebte, ihr gemeinsames Kind sowie Gretchens Bruder und ihre Mutter auf dem Gewissen. Man darf also sagen: Er »verkörpert nicht weniger als Mephisto das Böse« (Tiedemann 2014: 153). Im ersten Akt des zweiten Teils erwacht Faust aus langem, tiefem Schlaf. Er findet sich in eine ›anmutige Gegend‹ versetzt. Hingebungsvolle Beobachtung der Natur lässt ihn erkennen, dass nicht der wahrheitssuchend-drängende Blick ins grelle Sonnenlicht der Aufklärung zum Wissen führt, sondern die liebevolle Betrachtung dessen, was sich hienieden, im Schein der Sonne, regt und tut. »Am farbigen Abglanz haben wir das Leben.« (Goethe 1832, Zeile 4727) Kein Wort von Gretchen oder irgendwelchen Gewissensbissen.

Emil Staiger las dies nicht etwa als Zeichen der »Zerstörung von Erinnerung« (Tiedemann 2014: 153), sondern, ganz im Gegenteil, als Zeugnis der Begnadigung von allerhöchster Stelle. Aus dem todesähnlichen Vergessen des Helden, der ob seiner Amnesie eben kein *tragischer* mehr sei, entstehe neues Leben. Das sei freilich nichts exklusiv ›Faustisches‹, sondern »eine Gnade, die jedermann widerfahren kann« (Staiger 1947; zit. nach Trunz 1981: 537).

»Wenn Goethe es wagt, den Menschen durch die unergründliche Gnade der Natur genesen zu lassen, dann muß diese Gnade fühlbar sein. Und wer fühlte sie nicht, nähme nicht schon als Leser teil am Heilschlaf Fausts? [...] Der Eigensinnige nimmt nicht teil, der Mensch, der alles Vergessen ablehnt [...]. So könnte es jetzt mit Faust geschehen. Er würde zunächst sich selbst bezichtigen. Er würde dann bald eine unheilvolle Beschaffenheit der Welt entdecken, in der es schwer hält, die Schuld zu meiden. Und mit einer Klage gegen die Gottheit würde er schließlich untergehen. [...] Goethe dagegen bekennt sich in dem entscheidenden Augenblick zum Vergessen. Das heißt: kein starres menschliches Urteil über die Schuld ist ihm das Höchste, sondern der tiefe Lebenswille der Natur«.

(537f.)

Staiger, der hier in hohem Tone zum Ausdruck brachte, was man in der Nachkriegszeit einen *Persilschein* nannte, war zeitlebens stark von Heidegger beindruckt. Von den 1940er bis in die 1960er Jahre galt der Schweizer als *der* Protagonist einer werkimmanenten Literaturbetrachtung, die peinlich bemüht war, soziologisch-historische Bezüge aus der Literaturanalyse auszugrenzen, um ungestört deren vermeintlich reine Formen betrachten zu können. Mit seiner Apologie der Gnade vom heilsamen Vergessen lieferte Staiger Stichworte, an denen sich ehemalige Nationalsozialisten der bundesdeutschen Germanistik, wie der renommierte Goethe-Herausgeber Erich Trunz, innerlich und äußerlich meinten aufrichten zu können.

In den frühen 1970ern ging es dieser Germanistik an den Kragen. Peter Handke ließ in seiner respektvollen Parodie des deutschen Bildungsromans, die den Titel *Falsche Bewegung* trägt, einen Wiedergänger des Harfners aus *Wilhelm Meisters Lehrjahren* auftreten. Er hatte sich als Nazi am Holocaust beteiligt; als er sich vor Wilhelm Meister rechtfertigen will, hängt er schwer-mütig-versonnen einem Naturbild nach, das trügerische Erlösung durch das Weißwaschen der *memoria* verheißt:

> »Die Natur ist mir lebenswichtig. Ich vergesse darin, was früher war. [...] Wie gereinigt wird die Erinnerung von der Natur! Man darf nur nichts anfassen. Dann merkt man, wie hart das Gras geworden ist seit damals [...] und daß es nach nichts mehr riecht, höchstens nach nassem Papier und Hundekot.« (Handke 1975: 55)

Über das nahsinnliche ›Anfassen‹ wird der Tastsinn implizit zum materialistisch-tätigen Korrektiv der distanziert-kontemplativen Betrachtung des ›farbigen Abglanzes‹. Dieses Korrektiv muss vermeiden, wer die Gnade des Vergessens nicht gefährden will.

In der Zeit, da Staiger und Trunz im akademischen Betrieb das Sagen hatten, waren ›eigensinnige Menschen, die alles Vergessen ablehnen‹ und ›eine unheilvolle Beschaffenheit der Welt entdecken‹, nicht willkommen. Sie machten sich nicht beliebt, während der Wiederaufbau von Wirtschaft, Staat und Kultur unter den Händen der Täter zu florieren begann. Adornos Maxime war es hingegen, im Hause des Henkers laut und deutlich vom Strick zu reden (GS 9.2: 393).

Dabei ging es Adorno keineswegs darum, die Faust-Gestalt als ›radikal böse‹ (im Sinne Kants) zu denunzieren. Dafür stand Adorno viel zu sehr auf der Seite von »Goethes Humanität« (GS 11: 134). Diese bestünde darin, dass im Geiste bürgerlicher Vernunft über diese hinausgegangen wird. »Die bürgerliche Vernunft«: Für Adorno war sie zugleich Antizipation »einer durchsichtigen Ordnung der Welt« (d.h. einer, die menschenwürdig und für alle transparent eingerichtet ist) *und* das Medium der ideologischen Behauptung, diese Ordnung sei bereits verwirklicht. In Wahrheit sei die Wirklichkeit der bürgerlichen Gesellschaft durch die Rationalität »eines Kalküls« geprägt, »der dem Vernünftigen sicheren Gewinn verspricht« (ebd.). Aber: »An solcher partikularen Vernunft bildet sich die allgemeine, welche jene aufhöbe« – und zwar in das »gute Allgemeine« (ebd.) einer gerecht eingerichteten Gesellschaft. Dort müssten besondere Interessen und das Interesse an einem vernünftigen Allgemeinen gewaltlos zusammenstimmen – wie es die Philosophie der europäischen Aufklärung gefordert hatte.

Der zweite Teil von Goethes *Faust* ist bekanntlich auch eine allegorische Skizze der Erwerbsgesellschaft der Moderne. Im Zentrum der Handlung stehen Motive wie die Entfaltung des Geld- und Kreditsystems, die Erschließung von Bodenschätzen und das *landgrabbing* im Zeichen einer Produktionsweise, die nicht primär der Bedürfnisbefriedigung dient, sondern – qua Reichtum, als »Geld heckendes Geld« (Marx) – der immerwährenden Produktion von neuem Profit. Mit der Homunculus-Figur deutet Goethe auf Motive der Biotechnologie und der KI-Forschung voraus, und nicht zuletzt geht es in *Faust II* um die problematische Neuaneignung historischer Mythen für eine entfesselte Gegenwart.

Als »sozialhistorisches Substrat« des zweiten Teils der großen Tragödie gilt in der marxistischen Literaturtheorie »die Epoche des Übergangs von der feudalen zur bürgerlichen Gesellschaft, der Zeitraum [...] vom 15. bis zum frühen 19. Jahrhundert – von der Krise des Feudalismus zum Aufstieg des Kapitalismus« (Metscher 1976: 278). Während marxistische Literaturtheoretiker »in der Figurengruppe Faust und Mephistopheles« die literarische »Repräsentanz des bürgerlichen Klassensubjekts« (ebd.) erblickten, las Adorno die Faust-Gestalt als Verkörperung des Prinzips wissenschaftlich-technischer Naturbeherrschung. Das läuft der marxistischen Lektüre nicht zuwider, setzt den philosophischen Akzent jedoch anders, im Sinne der *Dialektik der Aufklärung*: Naturbeherrschung ist lebensnotwendig; aber als unreflektierte verlängert sie die Herrschaft der Natur, durch alle gesellschaftlichen Instanzen und kulturellen Vermittlungen, bis ins Innere des Menschen. Naturbeherrschung befreit vom Naturzwang und setzt ihn vermittelt fort. Insofern ist sie der Freiheit auch entgegengesetzt. Im zweiten Teil des *Faust* jedoch ›öffne sich‹ auch eine Gegenkraft, nämlich »der Aspekt der Versöhnung des Natürlichen« (GS 11: 134). Denn dort werde verhandelt, wie ein bürgerlich-menschliches Subjekt im »Eingedenken ans eigene Naturwesen« seiner »Naturverfallenheit« zugleich auch »entragt« (ebd.). Wie das? Fausts zwanghaft-destruktives Begehren, vermöge dessen er am Ende selbst untergeht, nachdem er noch für den Tod des alten Paares Philemon und Baucis gesorgt hat, ist für Adorno das spiegelverkehrte Negativbild einer Erlösung vom Zwang durch Versöhnung mit dem Naturhaft-Nichtidentischen im Subjekt. »Noch das Naturverhältnis der Begierde, das dem Zusammenhang der Verstrickung angehört, enthüllt sich als das, was dem Verstrickten entrinnen hilft.« (137)

Goethe lässt Faust kurz vor seinem Ende zurückblicken:

»Ich bin nur durch die Welt gerannt; / Ein jed' Gelüst ergriff ich bei den Haaren, / Was nicht genügte, ließ ich fahren, / Was mir entwischte, ließ ich ziehn. / Ich habe nur begehrt und nur vollbracht / Und abermals gewünscht und so mit Macht / Mein Leben durchgestürmt; erst groß und mächtig, / Nun aber geht es weise und bedächtig.«
(Goethe 1832, Zeile 11433–11440)

Denn nun wähnt Faust sich kurz vor dem Ziel. Er wollte einem ›freien Volk‹ einen ›freien Grund‹ (11580) schaffen: einen Ort zum Leben und Arbeiten für ›viele Millionen‹, der vor der Zerstörungskraft der Naturgewalt geschützt ist.

»Solch ein Gewimmel möcht' ich sehen, /Auf freiem
Grund mit freiem Volke stehn. / Zum Augenblicke dürft'
ich sagen: / Verweile doch, du bist so schön! / Es kann die
Spur von meinen Erdentagen / Nicht in Äonen untergehn.
– / Im Vorgefühl von solchem hohen Glück / Genieß' ich
jetzt den höchsten Augenblick.«   (11579–11587)

Das hohe Glück bleibt Faust indessen vorenthalten. Er stirbt,
kaum dass er den Satz »genieß' ich jetzt den höchsten Augenblick« ausgesprochen hat. Sein Tod gibt dem Teufel das vertrag-
lich fixierte Recht auf seine Seele. Doch die gesetzliche Ordnung
des rechtlich legitimierten, durch institutionelle Gewalt gesi-
cherten Vertragswesens, das den Tausch der Äquivalente garan-
tiert, wird von Goethe außer Kraft gesetzt. Mephisto geht
leer aus. Er beklagt sich bitter: »Uns geht's in allen Dingen
schlecht! / Herkömmliche Gewohnheit, altes Recht, / Man kann
auf gar nichts mehr vertrauen.« (11620–11622) Faust wird, als
Lohn für seine Mühe, vor dem Bösen gerettet und erlöst (11935–
11937). Im Jenseits jubelt Gretchen: »Der früh Geliebte / Nicht
mehr Getrübte / Er kommt zurück.« (12073–12075)

»Die Metaphysik des Faust«, schreibt Adorno, sei das »Verschwinden der Ordnung des Natürlichen in einer anderen.« (GS
11: 137) Denn Fausts Bemühung sei auch die Bemühung gewesen, nicht mehr er selbst zu sein. Vergessen die Wette mit Mephisto, vergessen die ›Untaten‹, »die der Verstrickte beging oder
gestattete«, vergessen gar die letzte Untat »gegen Philemon und
Baucis, deren Hütte dem Herrn des neu den Menschen unter-
worfenen Bodens so wenig erträglich ist wie aller naturbeherr-
schenden Vernunft, was ihr nicht gleicht« (ebd.). »Wird nicht
Faust darum gerettet, weil er überhaupt nicht mehr der ist, der
den Pakt unterschrieb«, fragt Adorno, weil Faust also – so wenig
wie am Ende jede und jeder – nicht durchgängig »mit sich selbst
identisch« ist? (Ebd.)

Und an diesem Punkt kommt auch Adorno auf das Motiv des heilsamen Vergessens am Beginn des zweiten Teils der Tragödie zu sprechen: »Nur durchs Vergessen hindurch, nicht unverwandelt überlebt irgend etwas.« (Ebd.) »Hoffnung ist nicht die festgehaltene Erinnerung sondern die Wiederkunft des Vergessenen.« (138) Das geht, im Geiste Walter Benjamins, gegen sture Intentionalität – wahres Erkennen müsse sich dieser entziehen, da das Nicht-Identische an den Gegenständen der Erkenntnis sich nur dem nicht-identifizierenden Blick öffne.

In der *Ästhetischen Theorie* hat Adorno in diesem Horizont über die Erkenntnis-Allianzen zwischen Philosophie und den Künsten nachgedacht. Mehr als ein Jahrhundert nach Goethe und nur wenige Jahre nach dem sinnlosen Tod von Millionen Opfern des deutschen Völkermords durfte man sich indessen nicht auf eine intentionslos geschehende »Wiederkunft des Vergessenen« verlassen. Zumal es in diesem Fall ohnehin nicht um authentisches »Vergessenen« ging, sondern um (mehr oder weniger intentionales) *Verdrängen*. Die ›Metaphysik des Faust‹ sei nun so unmöglich geworden wie jede andere Metaphysik, sofern Metaphysik der Gestus des Denkens ist, der »dem Daseienden Sinn« zuschreibt (GS 11: 129). Auch eine gänzlich negative Sinnzuschreibung, die »womöglich die Verzweiflung in der Welt als deren Wesensgehalt rechtfertigt«, würde sich verbieten: Auschwitz könne und dürfe nicht zur existentialistischen »Grenzsituation« gemacht werden (ebd.).

Übergang zum Sozialismus oder Rückfall in die Barbarei

Adornos Verdikt über Lyrikproduktion nach Auschwitz saß zu tief, um nicht Widerspruch von allen Seiten zu provozieren. Mit dem vitalpoetischen Tatendrang des Jüngeren hatte Hans Magnus Enzensberger zehn Jahre nach Adornos »Kulturkritik und

Gesellschaft« gegen den Frankfurter Meister ins Feld geführt:
»Wenn wir weiterleben wollen, muß dieser Satz widerlegt werden.« (Enzensberger 1959: 73) Der Lyriker, den Adorno schätzte,
formulierte seine Adorno-Widerlegung solidarisch, nämlich
nicht mit Blick auf die Problematik von Lyrik, die post Auschwitz
entsteht, sondern solcher, die Auschwitz zu ihrem Thema
macht (Mengeringhaus o.J.). Der Epiker Grass wiederum hat in
einer Frankfurter Poetik-Vorlesung nuanciert darauf hingewiesen, dass Adornos Überlegung »nicht als Verbot, sondern als
Maßstab zu begreifen« sei: Es wäre eine unzulässige Verkür-
zung, Adornos Intervention so zu lesen, als habe er damit sagen
wollen, dass »nach Auschwitz kein Gedicht mehr geschrieben
werden dürfe« (Grass 1990: 139). Darin ist Grass, der damals
noch nicht öffentlich über seine Zeit bei der Waffen-SS berichtete, zuzustimmen: Aus der Einschätzung, dass etwas »barbarisch« ist, folgt nicht, dass es zu verbieten sei.

Adornos Lehrer und Freund Benjamin hatte einst geschrieben, dass es kein »Dokument der Kultur« gebe, das nicht ebenso
»ein solches der Barbarei« ist (Benjamin 1940: 696). So problematisch die dichotomische Unterscheidung zwischen Kultur
und Barbarei ist, sowenig kann dichterische Produktion ihren
Bannkreis verlassen. Jedenfalls nicht im Diskurs der kritischen
Theorie, die darin zum Teil an Rosa Luxemburg anschloss. Diese
hatte im Jahre 1916 die folgenreiche These vertreten, dass die
zivilisierte Menschheit durch den kapitalistischen Imperialismus
vor eine historische Entscheidung gestellt werde. Luxemburgs
Zustandsbeschreibung der Kriegswirklichkeit war finster:

»Das Geschäft gedeiht auf Trümmern. Städte werden zu
Schutthaufen, Dörfer zu Friedhöfen, Länder zu Wüstenei-
en, Bevölkerungen zu Bettlerhaufen, Kirchen zu Pfer-
deställen; Völkerrecht, Staatsverträge, Bündnisse, heiligste
Worte, höchste Autoritäten in Fetzen zerrissen«.

(Luxemburg 1916)

Poetik und Erinnerung nach Auschwitz

Angesichts dieses Zustands erinnerte sie an die kritische Theorie der Arbeiterbewegung:

> »Friedrich Engels sagte einmal: *die bürgerliche Gesellschaft steht vor einem Dilemma: entweder Übergang zum Sozialismus oder Rückfall in die Barbarei.* Was bedeutet ein ›Rückfall in die Barbarei‹ auf unserer Höhe der europäischen Zivilisation?« (Ebd.)

Durchaus prophetisch, beantwortete Luxemburg die Frage folgendermaßen:

> »Dieser Weltkrieg – das ist ein Rückfall in die Barbarei. Der Triumph des Imperialismus führt zur Vernichtung der Kultur – sporadisch während der Dauer eines modernen Krieges, und endgültig, wenn die nun begonnene Periode der Weltkriege ungehemmt bis zur letzten Konsequenz ihren Fortgang nehmen sollte.« (Ebd.)

Als Horkheimer und Adorno diese Zeitdiagnose Mitte der 1940er Jahre fortführten, war jener ›ungehemmte Fortgang‹ eingetreten. In der *Dialektik der Aufklärung* versuchten sie zu begreifen, »warum die Menschheit, anstatt in einen wahrhaft menschlichen Zustand einzutreten, in eine neue Art von Barbarei versinkt« (GS 3: 11). Bereits wenig später gediehen die Geschäfte wieder »auf Trümmern«, diesmal auch auf den Trümmern der viel zu spät befreiten Konzentrationslager.

Zwei Jahre nach Veröffentlichung der *Dialektik der Aufklärung* im Amsterdamer Exilverlag Querido schien es Adorno also an der Zeit, auch im Hause der Henker klar und deutlich von Stricken und Beilen zu sprechen. Die Kultur war in seinen Augen tatsächlich ›vernichtet‹, wie Luxemburg prognostiziert hatte. Doch Adorno war nicht der Ansicht, dass diese Vernichtung nur von außen erfolgt sei. Krieg und Zerstörung waren für ihn nicht schlicht das Äußere oder Andere der Kultur. Der innere Widerspruch der Kultur sei vielmehr der Grund für ihr (selbstzerstörerisches) Scheitern; er bestehe darin, dass Kultur aus der herrschaftlich organisierten und gewaltförmig abgesicherten Teilung zwischen körperlicher und geistiger Arbeit hervorgehe.

Die Erzeugnisse des Geistes oder der Seele (moderner gesprochen: des rationalen und des psychischen Geschehens) könnten nicht losgelöst von ihren materiellen Grundlagen gedacht werden. Aber darauf zu reduzieren seien sie auch nicht. Der Eigensinn kultureller Poiesis und Praxis (um es mit aristotelischen Begriffen zu sagen) antizipiert Möglichkeiten, die durch Herrschafts- und Eigentumsverhältnisse blockiert werden. Das ist die normative, zugleich konkret-utopische Seite von Adornos Kulturbegriff. Freiheit von Zwängen der Selbsterhaltung, der wirtschaftlichen Zweckrationalität und der ideologischen Funktionen von Zeichen und Ritualen zur Festigung geistlicher und weltlicher Herrschaft: »Kultur« in diesem Sinne ist für Adorno »der Gegensatz zu all dem, was der Reproduktion des materiellen Lebens, überhaupt der buchstäblichen Selbsterhaltung der Menschen dient, der Erhaltung ihres bloßen Daseins« (GS 8: 123).

Wenn »das spezifisch Kulturelle [...] das der nackten Notdurft des Lebens enthobene« (124) ist, wird Kultur durch ihre Differenz zur materiellen Produktion und zur *zweckgerichteten* sozialen Praxis und Kommunikation definiert. Sie verhält sich zwar nicht völlig extern zu den Sphären ›Praxis‹ und ›Kommunikation‹, denn sie steht ja auf einer Grundlage von materieller Produktion sowie zweckgerichteter Praxis und Kommunikation. Doch zugleich löst sich kulturelles Herstellen und Handeln immer auch von dieser Grundlage. Deswegen könne es Möglichkeiten gesellschaftlichen Lebens und individueller Erfahrung vorwegnehmen: Lebens- und Erfahrungsmöglichkeiten, die über die Beschränkungen hinausgehen würden, die ihnen im Hier und Jetzt auferlegt sind.

Adorno hat sich, bei aller Radikalität, im Rahmen der überlieferten Gegenüberstellung von ›Kultur‹ und ›Zivilisation‹ bewegt. Doch es gibt bei ihm auch Unterschiede zu dieser traditionellen Auffassung. Adorno stellt der Kultur nicht die Zivilisation gegenüber, sondern die *Praxis*. Heutige Kulturbegriffe verstehen zumeist Kultur selbst als gesellschaftliche Praxis, nämlich als Formen und Gehalte zeichenvermittelter Interaktion. Adornos Konzept steht quer dazu, denn er differenziert zwischen der bestehenden Praxis, welche als Gesamtheit des Betriebs sozialer, wirtschaftlicher, politischer und kultureller Handlungen beschrieben werden kann, und einer anderen Praxis, die zwar möglich wäre (und denknotwendig, jedenfalls für kritisches Denken), aber durch die Zwänge der bestehenden Praxis blockiert sei, weil diese sich als falsche Totalität etabliert habe. »Fällige Praxis wäre [...] die Anstrengung, aus der Barbarei sich herauszuarbeiten« (Adorno 1969: 769); einer »Barbarei«, die Adorno mit den geschichtsträchtigen Ortsnamen Auschwitz und Hiroshima kennzeichnet (ebd.).

Im Unterschied zu jener ›fälligen‹ Praxis ist die real herrschende für Adorno im weiten Sinne Naturbeherrschung sowie die damit verbundene, unmittelbare oder mediale, Kommunikation: also Arbeit, Produktion und Zirkulation von Waren sowie Politik, verstanden als Verwaltung sozialer Herrschaft. In der bürgerlichen Gesellschaft habe das Konzept der Kultur dafür gestanden, dass die Gesetze des Praktischen teilweise und in bestimmter Hinsicht außer Kraft gesetzt werden. Jene Gesetze stehen nach Adorno für die permanente »Herstellung des Immergleichen« (GS 4: 16) unter der »Vorherrschaft von Ökonomie« (17). Sein kritischer Begriff der – moralisch bewertet – falschen, aber faktisch realen »universellen Praxis« beschreibt die »materielle Realität« der Ökonomie als »die Welt des Tauschwerts« (GS 10: 49). »Kultur« stehe für all das, »was immer dessen Herrschaft zu akzeptieren sich weigert« (ebd.).

Adornos Kulturbegriff zielt darauf, im Bestehenden, also der gesellschaftlichen Praxis (die herrschaftlich nach den Erfordernissen der industriekapitalistischen Wirtschaftsweise organisiert ist), die Möglichkeit zu denken, dass es auf der Welt auch anders zugehen könnte. Wenn Kultur als »Vorwegnahme des edleren Zustands« (ebd.) verklärt werde, sei dieses Trugbild doch immerhin ein Hinweis darauf, dass »das, was ist, nicht alles« ist (GS 6: 391). So falsch es auch sei, wenn idealistische Kulturkritik die kulturelle Eigengesetzlichkeit betrachte, als wäre sie losgelöst von gesellschaftlichen Arbeits- und Herrschaftsverhältnissen: Nicht minder falsch sei es, wenn materialistische Kulturkritik die kulturelle Eigengesetzlichkeit kurzerhand für nichtexistent erkläre. »Daß die Kultur bis heute mißlang, ist keine Rechtfertigung dafür, ihr Mißlingen zu befördern« (GS 4: 49).

Ein Vierteljahrhundert nach diesem Plädoyer dafür, nicht auch noch proaktiv zum Scheitern der Kultur beizutragen, bemerkte Adorno in der *Negativen Dialektik* drastisch, »Auschwitz« habe »das Mißlingen der Kultur unwiderleglich bewiesen« (GS 6: 359). Das betreffe auch die Kulturkritik: »Alle Kultur nach Auschwitz, samt der dringlichen Kritik daran, ist Müll.« (Ebd.) Adorno wollte nicht behaupten, das historisch singuläre Ereignis Auschwitz habe Kultur im Ganzen misslingen lassen. Das Argument, das seiner eindringlichen Rhetorik zugrunde liegt, lautet: In der Irrationalität des rational verwalteten Massenmordes habe sich die zerstörerische innere Widersprüchlichkeit der zivilisatorischen Rationalität der Moderne manifestiert, der eben auch eine kulturelle Logik innewohne.

Als Adorno seine These vom Scheitern der Kultur formulierte, lag nicht nur die historische Erfahrung hinter ihm, dass der Nationalsozialismus in Deutschland enorme Zustimmung gefunden hatte, bis es gelang, ihn von außen niederzuwerfen. Adorno hatte inzwischen auch vor Augen, dass keine gesellschaftliche Aufarbeitung in Gestalt einer reflektierten Erinnerungskultur stattgefunden hatte. Als teilnehmender Beobachter erlebte er, wie sich die öffentliche Debattenkultur der Bundesrepublik sogar noch gegen die geschichtlichen Erkenntnisse resistent machen wollte, die im Verlauf des Frankfurter Auschwitz-Prozesses an den Tag kamen. So unabweisbar jene Gewissheiten waren, so sehr bedurfte es der Anstrengungen einer stets angefeindeten Elite kritischer Intellektueller und Schriftsteller, um sie auch dort durchzusetzen, wo sich das Meinungsmilieu sträubte.

Daher der Ton kämpferischer Melancholie, in dem Adorno, mit Blick auf das Geschichtszeichen, das den Ortsnamen Auschwitz trägt, über die Kultur der entfalteten bürgerlichen Gesellschaft nachdachte. Sie ist mittelbare Barbarei. Ihre Abschaffung im postbourgeoisen autoritären Staat war unmittelbare Barbarei. Und die Versuche, nach der Befreiung vom Nationalsozialismus wieder humanistische Kulturwerte zu installieren, um die Demokratie zu stabilisieren, sind neue Gestalten der alten Ideologie, die restauriert werden solle. Sie besteht für Adorno, wie gesagt, darin, der Kultur Unabhängigkeit und Selbstgenügsamkeit zu attestieren. Doch in Wahrheit sei Kultur im Spätkapitalismus zum Beiwerk geworden. Sie werde in die Mechanismen des Marktes hineingezogen, als eine von vielen Sektoren der Ökonomie; dadurch gehe ihre Kraft zu Ende, das Bestehende immerhin symbolisch (also: mit Hilfe von Zeichen und Bildern) zu überschreiten.

Dümmer denken

Botho Strauß verkündete Anfang der 1980er Jahre in seinem Prosawerk *Paare, Passanten* – dessen Aphorismenform die Erinnerung an Adorno nahelegte – dass es nun aber »ohne Dialektik« weitergehen müsse. Dann würde man zwar »dümmer denken«, aber das sei in Kauf zu nehmen (Strauß 1981: 115). Die post-adornosche Diskurslandschaft schien Strauß durch Ironisierungen und Leitbildverlust gekennzeichnet. »Bloß gewitzigt sind diese Köpfe und in erster Linie Kritiker; nichts Entwerfendes, nichts Erfinderisches, weder Befreiendes noch Bestürzendes kommt uns von dort«, schrieb er. Der Kern seiner Klage war der Verlust einer geistigen Autorität, der man sich unterwerfen könne: »solange kein Größerer das Sagen hat, wird uns dies freche Durcheinander unterhalten« (ebd.). Der Dichter, der seine geistige Heimat damals noch nicht bei der alten und neuen Rechten gefunden hatte, bekräftigte seine Lossage mit einer Art Gespensterbeschwörung: Er ließ Adorno an seinem Todestag, dem 6. August 1969, in Venedig erscheinen. Das wirkte wie eine bizarre Dekadenz-Hommage an Thomas Mann und an Luchino Visconti, der in seine Verfilmung vom *Tod in Venedig* ein Nietzsche-Phantom einflocht und das Geschehen mit *Doktor Faustus* verschmolz.

Strauß' Abwendung von Adornos kritischer Theorie war ›auffallend plakativ‹ (Assheuer 2014: 12). Sie passte in eine Zeit, in der die – ebenfalls dialektikbefreiten – Rivalen Poststrukturalismus und Systemtheorie um die Diskurshegemonie wetteiferten. Ebenso ratlos wie hellsichtig notierte Rainald Goetz damals in seiner Rezension von *Paare, Passanten*, dass Strauß wohl doch kein Adorno-Schüler sei, der, endlich flügge geworden, über den Lehrer hinausgehe. Nein, Strauß sei zum »Irrationalismus« konvertiert und »dem Offenbarungsglauben der Intuition verfallen« (Goetz 1981: 238). – In Strauß' Skandal-Artikel »Anschwellender Bocksgesang« von 1993 war *Erinnerung* kein Konzept der Kritik mehr, sondern ein Zauberwort:

> »Die Verbrechen der Nazis stehen zuletzt außerhalb der Ordnung des Politischen. Sie können nicht erinnert werden. Sie stellen den Deutschen in die Anwesenheit der Untat, in die Erschütterung, als seien sie gerade geschehen«.   (Strauß 1993: 73)

Mit dem diskursiven Trick, dass nicht erinnert werden könne, was noch berührt, als sei es soeben passiert, mystifizierte Strauß – ganz ohne Dialektik – den Holocaust. Dieser sei ein »Verhängnis, in der sakralen Dimension des Worts« (ebd.). Und zwar für die Deutschen.

Martin Walser, der Anfang der 1960er Jahre noch in vorderster Linie an der aufklärenden Debatte im Umfeld des Frankfurter Auschwitz-Prozesses mitgewirkt hatte, empörte sich 1998 während der Debatte über das Berliner Holocaust-Mahnmal im gleichen Geist wie Strauß. »Gewissenswarte« und »Meinungssoldaten mit vorgehaltener Moralpistole« würden, im Zuge einer »Drohroutine«, Auschwitz als »Moralkeule« schwingen und eine »Dauerrepräsentation unserer Schande« fordern (Neander 1998). Und 2017 wetterte ein ehemaliger Sport- und Geschichtslehrer namens Höcke im neofaschistischen Delirium gegen die »dämliche Bewältigungspolitik«, also gegen die nach-nationalsozialistische Erinnerungskultur der BRD. Er war überzeugt: »die lähmt uns« (Siebeck 2017). Bei der Verleugnung und der ›Hört das denn nie auf‹-Mentalität von Höcke (einer Galionsfigur der Neuen Rechten) und Walser (einem gefeierten Schriftsteller, der einst der DKP nahestand) handelt es sich um Komplementärphänomene: zwei peinliche Verwandte, die sich gehen lassen, aber zur Familie gehören. Der gute Ruf der Familie ist gegründet auf »der vermeintlich vorbildlichen deutschen Erinnerung an die Shoah« (Czollek 2020: 16). Max Czollek zufolge fällt den Deutschen das Scheitern ihrer ›Vergangenheitsbewältigung‹ als tendenzielle Unfähigkeit zur ›Gegenwartsbewältigung‹ auf die Füße. Auch deshalb, weil »das deutsche Gedächtnistheater [...] die Juden für die eigene nationale Läuterung einspannt« (ebd.). Adorno schrieb 1967: »Der Prosemitismus im nachhitlerschen Deutschland – soweit es so etwas gibt – hat folkloristischen Charakter, und darin setzt der Antisemitismus sich fort« (Adorno 1943–1969: 30).

Seinen Satz über Gedichte nach Auschwitz formulierte Adorno, wie gesagt, 1949. Das war das Jahr seiner Rückkehr ins post-nationalsozialistische Deutschland. Er stand in einem Essay, der zwei Jahre später in einer Festschrift für den renommierten Soziologen Leopold von Wiese veröffentlicht wurde. In diesem Jahr, also 1951, erschien im Frankfurter Suhrkamp Verlag auch das Buch, das Adornos berühmtestes werden sollte, die Aphorismensammlung *Minima Moralia. Reflexionen aus dem beschädigten Leben*. Adorno ging nicht nur in dieser freien Form philosophischer Schriftstellerei neue Wege der Darstellung dialektischer Gedanken. Er tat es auch in dem konventionellen Format eines Beitrags zu einer akademischen Festschrift.

Inzwischen ist wohl allgemein klar, dass Adorno keine Schreib- oder Ausdrucksverbote aussprechen wollte. In einer performativen Geste, die das Gesagte zugleich auch selbst mitvollzieht, machte er das lyrische Subjekt, das sich mitten im Misslingen von Kultur behaupten will, zum Problem.

Adorno hat seine Intervention Jahre später revidiert – oder besser gesagt, wie Sven Kramer herausgearbeitet hat: Er hat sie »expliziert« (Kramer 1999: 82). Im Zusammenhang mit Überlegungen zum Verhältnis zwischen rationalen Begriffen, Sprache und subjektivem Ausdruck plädierte er dafür, dass der per se subjektive *Ausdruck* (den er kategorial von der *Mitteilung* abgrenzte), nicht als etwas abgetan werden dürfe, das für Erkenntnis und Reflexion irrelevant sei. Der Ausdruck sei grundsätzlich das Medium, in dem sich Leiderfahrung artikuliere. »Das perennierende Leiden hat soviel Recht auf Ausdruck wie der Gemarterte zu brüllen; darum mag falsch gewesen sein, nach Auschwitz ließe kein Gedicht mehr sich schreiben.« (GS 6: 355) Damit knüpfte Adorno implizit an eine Überlegung an, die er im Odysseus-Exkurs der *Dialektik der Aufklärung* als Hinweis darauf formuliert hatte, dass »in der Geschichte bisher stets das Humane gerade und allein am Barbarischen gedieh, das von Humanität verhüllt wird« (GS 3: 94). Gemeint war an dieser

Stelle, dass zivilisatorische Rationalität dazu tendiert, prä-rationale menschliche Regungen zu unterdrücken, weil sie dem Konzept des Fortschritts im Wege stünden. Die aus dieser Perspektive als ›barbarisch‹ bezeichnete Zurückgebliebenheit bewahre Momente auf, ohne die sozio-kultureller Fortschritt mit sich uneins bleiben würde.

Die These vom historischen Misslingen der Kultur hätte Adorno 1949 wohl auch mit dem Satz belegen können, dass es »barbarisch« wäre, »nach Auschwitz« ein Lied zu komponieren. Das hätte an seine These vom »Widersinn von Gesang in der Zivilisation« angeknüpft, vom Gesang, »der doch zugleich wieder die bewegende Kraft aller Kunstmusik abgibt« (GS 3: 78). Vielleicht hat er das nicht so formuliert, weil jene Musik, die nach seiner Auffassung die einzig legitime in der zweiten Hälfte des 20. Jahrhunderts gewesen ist, die zeitgenössische Avantgarde war, die sich weigerte, konventionelle Hör-Erwartungen zu bedienen. Sie hatte definitiv nicht vor, das Publikum durch Liederabende mit guten Gefühlen und Gewissenserleichterung zu versorgen. Mit der Lyrik, der Lieblingsform kultivierter Innerlichkeit, verhielt es sich in Adornos Augen anders. Er selbst allerdings, so darf man vermuten, hat die Konsequenz gezogen; seine letzte Komposition ist ein Fragment aus dem Jahre 1946.

Von der ›F-Skala‹ über die ›deutsche-Michel-Skala‹ zu den ›Mitte-Studien‹

Der Kasseler Regierungspräsident Lübcke hatte im Herbst 2015 rassistische Ressentiments gegen Geflohene öffentlich angeprangert. Im Frühsommer 2019 wurde er deshalb von einem Rechtsradikalen erschossen. Als der Suhrkamp Verlag ein paar Wochen später einen Vortrag publizierte, den Adorno 1967 auf Einladung des Verbands der Sozialistischen Studenten Österreichs in Wien über »Aspekte des neuen Rechtsradikalismus« gehalten hatte, war das Presse- und Rundfunkecho stark. Nach drei Wochen musste der Verlag bereits die fünfte Auflage des Taschenbuchs drucken lassen. Am 6. August 2019, dem 50. Todestag Adornos, wurde in den Medien berichtet, dass ein Münchner Rabbiner mit seinen Kindern auf offener Straße bespuckt und beleidigt worden war; ein paar Tage davor war einem Rabbiner in Berlin Ähnliches widerfahren. Einige Wochen danach wurden Waffen und modernste Kommunikationstechnologie eingesetzt.

> »52 Gläubige hatten sich am 9. Oktober [...] zum Gebet an Jom Kippur in der Synagoge in Halle versammelt. [...] Stephan B. war mit dem Ziel gekommen, möglichst viele Menschen zu ermorden. [...] Schon vor dem Anschlag

© Springer-Verlag GmbH Deutschland, ein Teil von Springer Nature 2021
G. Schweppenhäuser, *Adorno und die Folgen*, https://doi.org/10.1007/978-3-476-05822-5_4

hatte er begonnen, seine Tat im Internet zu streamen. [...]
Er scheiterte bei dem Versuch, in die Synagoge einzudrin-
gen, an der Tür, obwohl er sie mit Handgranaten und
Molotowcocktails attackierte.«   (Laurin 2020)

Um vor seiner Community im Netz nicht als Totalversager da-
zustehen, erschoss B. eine Passantin auf der Straße und einen
Gast in einem benachbarten Schnellrestaurant. »Ein antisemi-
tischer Terroranschlag war, so bitter es ist, nur eine Frage der
Zeit«, schrieb der Politikwissenschaftler Samuel Salzborn im
Dezember nach dem Attentat; er erinnerte an den »Hintergrund
der langen Geschichte des rechten und antisemitischen Terrors
in Deutschland« sowie an das empörende Zögern, das staatliche
Stellen bei seiner Bekämpfung bis heutige an den Tag legen
(Salzborn 2019).

Autoritäre Charaktere

Dass Antisemitismus wenig mit Juden zu tun hat, viel jedoch
mit einer Persönlichkeitsdisposition der Antisemiten, die nur
sozialpsychologisch zu begreifen ist, hat Adorno schon früh in
seiner Zusammenarbeit mit dem Frankfurter Institut für Sozialforschung untersucht. Dort wurde in den 1930er Jahren eine
Autoritarismus-Theorie auf empirischer Basis ausgearbeitet. Es
ging um die Frage, warum sich Menschen mit denen, die sie
unterdrücken, identifizieren, anstatt ihnen die Gefolgschaft
aufzukündigen. Ende der 1950er Jahre hielt Adorno »das Nachleben des Nationalsozialismus in der Demokratie« für »potentiell bedrohlicher denn das Nachleben faschistischer Tendenzen
gegen die Demokratie« (GS 10: 555f.). Dafür hatte er gute
Gründe. Mitte der 1940er Jahre war er in den USA der Frage
nachgegangen, was Menschen für antidemokratische Propaganda empfänglich macht. Dabei kam die berühmte ›F(aschis-

mus-anfälligkeits)-Skala‹ zum Einsatz. Sie zeigte Charakterdispositionen, die im Spiel sind, wenn demokratische Gesellschaften sich selbst unterhöhlen.

> »Die F-Skala besteht aus 38 Items, die [...] 2099 Personen vorgelegt werden. Während der Untersuchung werden immer wieder einzelne Items verändert, angepasst oder ganz verworfen. [...] Zur Beantwortung der Sätze haben die Befragten die Möglichkeit von + 3 (= hohe Zustimmung) bis – 3 (= hohe Ablehnung) zu wählen. [...] Mit einem Teil der Personen [...] wird anschließend [...] ein Tiefeninterview geführt, um zu sehen, ob die durch den Fragebogen gewonnen Erkenntnisse [...] zutreffen [...]. Die Tiefeninterviews bestätigen die F-Skala, sodass sich sagen lässt, dass mit ihr ein Messinstrument geschaffen wurde, das den Ansprüchen an eine quantitative Sozialforschung gerecht wird.« (Benicke 2016: 15f.)

Zur Struktur eines autoritätsgebundenen Charakters gehört die Identifikation mit *Macht schlechthin*, schrieb Adorno. Seine Untersuchungen »waren an der Hypothese orientiert, dass die politischen, wirtschaftlichen und gesellschaftlichen Überzeugungen eines Individuums häufig ein umfassendes und kohärentes, gleichsam durch eine ›Mentalität‹ oder einen ›Geist‹ zusammengehaltenes Denkmuster bildet, und dass dieses Denkmuster Ausdruck verborgener Züge der individuellen Charakterstruktur ist« (Adorno 1950: 1). »Autoritäre Unterwürfigkeit ist dem antidemokratischen Potential [...] förderlich, da sie das Individuum für Manipulationen der stärksten äußern Mächte empfänglich macht.« (50)
Menschen, die national-identitär denken, neigen dazu, ihre negativen Einstellungen gegen Autoritäten, die sie sich selbst nicht eingestehen können, auf Menschen anderer Gruppen zu projizieren. Denen schreiben sie jene Eigenschaften zu, die An-

lass ihrer eigenen, uneingestandenen Phantasien sind: »[D]as Individuum, das die feindlichen Gefühle gegen die Autoritäten der Bezugsgruppe, ursprünglich gegen die Eltern, unterdrücken mußte, sieht die ›schlechten‹ Seiten dieser Machtfiguren – ihre angebliche Unfairness, ihr Eigennutz und ihre Herrschsucht – in den Fremdgruppen, um diese der Diktatur, der Plutokratie und der Machtgelüste bezichtigen zu können.« (Ebd.) »[D]iese Verschiebung negativer Phantasien ist nicht das einzige Mittel, die unterdrückte Feindseligkeit zu bewältigen; oft scheint sie ihren Ausdruck in autoritärer Aggression zu finden.« (Ebd.) Der »potentiell faschistische Charakter«, schrieb Adorno, ist »eher pseudo- als genuin konservativ« (205). »Die dem Pseudokonservatismus entsprechende psychische Struktur ist Konventionalität und autoritäre Unterwürfigkeit in der bewußten Sphäre, begleitet von Gewalttätigkeit [...] und chaotischer Destruktivität in der unbewußten.« (Ebd.)

Auf diejenigen unter den heutigen Faschismusanfälligen, die noch zweckrational denken, dürfte Adornos Tiefendiagnose zutreffen: »Das Ziel der pseudokonservativen Mentalität [...] ist die Errichtung einer Diktatur der wirtschaftlich stärksten Gruppe. Sie ist mit Hilfe einer Massenbewegung zu erreichen, die [...] den verstörten Angehörigen der mittleren und unteren Schichten des Mittelstandes [...] Sicherheit und Vorrechte verspricht, wenn sie sich den richtigen Leuten zur richtigen Zeit anschließen.« (219) Menschen, die heutzutage an Verschwörungsnarrative und pseudowissenschaftliche Konstrukte glauben, dürften sich beispielsweise von dem folgenden Satz aus der F-Skala angesprochen fühlen: »Mögen auch viele Leute spotten, es kann sich immer noch zeigen, daß die Astrologie vieles zu erklären vermag.« (41)

Das sind die Subskalen der F-Skala:

»Starre Bindung an die konventionellen Werte des Mittelstandes. [...] Unkritische Unterwerfung unter idealisierte Autoritäten der Eigengruppe. [...] Tendenz, nach Menschen Ausschau zu halten, die konventionelle Werte missachten, um sie verurteilen, ablehnen und bestrafen zu können. [...] Abwehr des Subjektiven, des Phantasievollen, Sensiblen. [...] Glaube an die mystische Bestimmung des eigenen Schicksals; die Disposition, in rigiden Kategorien zu denken. [...] Denken in Dimensionen wie Herrschaft – Unterwerfung, stark – schwach, Führer – Gefolgschaft; Identifizierung mit Machtgestalten; Überbetonung der konventionalisierten Attribute des Ich; übertriebene Zurschaustellung von Stärke und Robustheit. [...] Allgemeine Feindseligkeit, Diffamierung des Menschlichen. [...] Disposition, an wüste und gefährliche Vorgänge in der Welt zu glauben; die Projektion unbewusster Triebimpulse auf die Außenwelt. [...] Übertriebene Beschäftigung mit sexuellen ›Vorgängen‹«. (Adorno 1950: 45)

Selbstverständlich blieb das Forschungsdesign der *Studien zum autoritären Charakter* von methodologischer Kritik nicht verschont. Die F-Skala wurde von Forscher:innen, die dort anknüpften, immer wieder überarbeitet. »John J. Ray zählt 1984 bereits allein in der englischsprachigen Literatur 37 alternative Skalen, die alle auf dem Konzept der F-Skala basieren.« (Benicke 2016: 18) Inhaltliche Kritik bezog sich u.a. darauf, dass sich »Familienstrukturen, die zur Herausbildung einer autoritären Persönlichkeit eine bedeutende Rolle spielen, seit den Forschungen von Reich, Fromm und Adorno nachhaltig verändert« haben (19). Dieser Kritik ist allerdings zu Recht entgegengehalten worden:

Autoritäre Charaktere

»Auch wenn sich heute [...] die Rolle der Familie im
Sozialisationsprozess gewandelt hat, so zeigen allein die
Wahlerfolge rechtspopulistischer und faschistischer
Parteien in Europa, dass das autoritäre Potenzial nichts
von seiner Gefährlichkeit verloren hat. Anstelle der Familie
übernehmen heutzutage oftmals die Medien eine bedeutende Rolle im Prozess des Erwachsenwerdens.«   (20)

Nachleben des Faschismus in der Demokratie

Heute gilt es als Goldstandard unter Parteien, die sich um Par-
lamentssitze bewerben, als »bürgerlich« zu gelten. Auch die
völkische AfD kämpft hart um dieses Label: ein inoffizielles
Prüfsiegel, das vor der Erkenntnis schützen soll, dass es sich bei
ihren Positionen um rechtsextreme handelt. – Nach Adorno ist
Faschismus aber keineswegs das jähe Ende der *bürgerlichen* Herrschaftsform; er ist vielmehr die politische Erscheinungsform
des »bürgerlichen Terrorismus« (GS 13: 12). Diese wiederum sei
eine Steigerungsstufe des »bürgerliche[n] Nihilismus« (29).

Anfang der 1960er Jahre wurde im Institut für Sozialforschung eine »Studie ›Über rechtsradikale Tendenzen in der
westdeutschen Presse 1961‹« erarbeitet. Sie hatte sich mit
»rechtsextremen Publikumszeitschriften« beschäftigt, sowie
mit »weitere[n] Publikumszeitschriften [...], deren totalitäres
Potential von einer mehr oder weniger fortgeschrittenen demokratischen Adaptierung verdeckt wurde«, schrieb Adornos
Schüler Rolf Tiedemann (2011: 40f.).

»Am Ende bestätigte die Analyse, was abzusehen war:
Autoritätsgebundenheit des politischen Bewußtseins war
mit dem Ende des Nazi-Regimes in der Bevölkerung der
damaligen Bundesrepublik nicht ausgestorben, sie wurde

genährt von der Propagierung ideologischer Totalitarismen, die sich nach einigen Jahren der Zurückhaltung um 1960 immer offener in der politischen Auseinandersetzung wieder hervorwagte.« (41)

In seinem Wiener Vortrag führte Adorno 1967 aus, dass die gesellschaftlichen Voraussetzungen des Faschismus in der wirtschaftsliberalen BRD fortbestehen und sich aufgrund der Konzentrationstendenz des Kapitals zuspitzen. Auch die ökonomischen Hilfsprogramme der Sozialdemokratie, die nach der Politik der antizyklischen Staatsausgaben des englischen Ökonomen John Maynard Keynes verfahren, würden diese Tendenz nicht aufhalten können. Hinter der gepriesenen »Vollbeschäftigung« gehe bereits »das Gespenst der technologischen Arbeitslosigkeit« um, sagte Adorno hellsichtig, so »daß im Zeitalter der Automatisierung [...] auch die Menschen, die im Produktionsprozeß drin stehen, sich bereits potentiell überflüssig [...], sich als potentielle Arbeitslose« fühlen müssten (N Abt. V, 1: 441). Die wirtschaftliche Lage des deutschen Kleinbürgertums und des Bauerntums sei prekär: günstige Voraussetzung dafür, den objektiv eigentlich gegenstandslos gewordenen, ›fiktiven‹ Nationalismus als ideell-symbolischen Ersatz für materielle Sicherheit an den Mann und die Frau zu bringen. Oder, wie er wenige Jahre zuvor formuliert hatte: »Nationalismus heute ist überholt und aktuell zugleich« (GS 10: 565).

Gerade auf dem Lande sah Adorno einen »schwelende[n] Herd« des Unheils bestehen; er würde »so lange« schwelen, wie »man nicht wirklich zu einer vernünftigen und rationalen Kollektivierung der Landwirtschaft gelangt« (N Abt. V, 1: 443). Adorno wollte den Kampf gegen den Rechtsradikalismus nicht nur demokratietheoretisch angehen, sondern mit einem Ansatz, der sich von der marxistischen Kritik der politischen Ökonomie herleitet. Dass nur eine sozialistische Gesellschaft eine substantiell demokratische sein kann: Davon war er überzeugt, wiewohl seine Vorstellung vom Sozialismus, im Unterschied zu der von Marx, libertär-anarchistische Züge hatte.

Statt einer »rationalen Kollektivierung der Landwirtschaft« nahm wenig später die rationelle Industrialisierung des agrarischen Bereichs nach dem allgemeinen Gesetz der kapitalistischen Akkumulation Fahrt auf. Unter deren Auswirkungen leiden Menschen und Tiere heute in einem solchen Ausmaß, dass nicht einmal mehr das politische Personal, das die Rahmenbedingungen für die Inwertsetzung der Landwirtschaft geschaffen hat und verwaltet, diese Problematik schönzureden versucht.

Adorno überführte in seinem Wiener Vortrag die polit-ökonomische Betrachtungsweise in eine sozialpsychologische. Die zwanghafte Fixierung auf die Frage der nationalen Identität habe nämlich auch damit zu tun, dass es in Deutschland keine siegreiche bürgerliche Revolution gegeben hatte. Nach 1945 sei die Identifikation mit dem nationalsozialistischen System in Deutschland keineswegs verschwunden. Die Demokratie sei formal geblieben, daher könne sie nicht an die Psychodynamik der Individuen heranreichen. Als Kehrseite der fetischisierten Formaldemokratie trete die inhaltsleere Perfektion der rechtsradikalen Propaganda in den Vordergrund. Je mehr sie auf konkrete Inhalte verzichte, desto größer ihr Erfolg. »Das Charakteristische für diese Bewegung ist [...] eine außerordentliche Perfektion [...] der propagandistischen Mittel [...], kombiniert mit Blindheit, ja Abstrusität der Zwecke, die dabei verfolgt werden. [...] Die Propaganda ist vor allem darin genial, daß sie bei diesen Parteien und diesen Bewegungen die Differenz [...] zwischen den realen Interessen und den vorgespielten falschen Zielen ausgleicht.« (448)

Wenn über gesellschaftlich-politische Aufklärung als Gegenmittel gegen den Rechtsradikalismus nachgedacht wird, solle man daher, so betonte Adorno, »nicht moralisieren«, also nicht die vermeintlichen Werte fokussieren, für die Menschen einzustehen meinen, die vom Rechtsradikalismus ansprechbar sind – man solle vielmehr ihre »realen Interessen« adressieren (464). »Das einzige, [...] was mir nun wirklich etwas zu versprechen scheint, ist, daß man die potentiellen Anhänger des Rechtsradikalismus warnt vor dessen eigenen Konsequenzen, daß man ihnen klarmacht [...], daß diese Politik auch seine eigenen Anhänger unweigerlich ins Unheil führt und daß dieses Unheil von vornherein mitgedacht worden ist [...]. Also man muß [...] auf die drastischen Interessen derer verweisen, an die sich die Propaganda wendet.« (451). Dabei dachte Adorno nicht nur an handfest-materielle Interessen, sondern beispielsweise auch an das Bedürfnis von Heranwachsenden in den 1960er Jahren, Lebensformen zu entwickeln, die von Autoritarismus und Militarismus frei bleiben: »Das gilt besonders bei der Jugend, die man warnen muß vor dem Drill in jeglicher Gestalt, vor der Unterdrückung ihrer privaten Sphäre und ihrem Lebensstil. Und man muß sie warnen vor dem Kultus einer sogenannten Ordnung, die ihrerseits vor der Vernunft nicht sich ausweist, vor allem vor dem Begriff der Disziplin, die als Selbstzweck präsentiert wird, ohne daß auch nur noch die Frage ›Disziplin für was?‹ dabei gestellt würde.« (Ebd.) Im Geist der Autoritarismus-Studien des Instituts für Sozialforschung in Frankfurt und in der Emigration resümierte Adorno 1967 in Wien, dass es letztlich auf eine »Wendung nach innen« ankomme, um den krankhaft-projektiven Kern des Rechtsradikalismus offenzulegen (465). Allerdings dürfe man darüber nicht die Grenzen möglicher Aufklärung vergessen, denn »diese autoritätsgebundenen Charaktere« seien »unansprechbar und ließen »nichts an sich herankommen« (ebd.). Dennoch sei nicht zu leugnen, dass durch Verbreitung sozialpsychologischer Aufklärung mit der Zeit »eine gewisse Entgiftung doch wohl eingetreten« sei (466).

Die Diktatur des Widersinns

Der Soziologe Wolfgang Pohrt hat nach dem Beitritt der DDR zur BRD eine empirische Untersuchung im Auftrag des Hamburger Instituts für Sozialforschung durchgeführt. Seine Forschungsfrage lautete: Gibt es Anfang der 1990er Jahre in der Bundesrepublik »eine Disposition zum Faschismus als Gemütsbewegung« (Pohrt 1991: 27)? Die Aussagen, denen die Probanden zustimmen oder widersprechen konnten, enthielten Ressentiments gegen freiheitliche Lebensführung, Asylbewerber und Homosexuelle sowie gegen die Abschaffung europäischer Grenzen. Pohrt hat seine an Adorno orientierte Skala zum Test der Faschismusanfälligkeit »M-Skala« genannt. Das M stand für den »hiesigen Sozialcharakter«, den es »abzubilden« (158) galt, nämlich für den ›deutschen Michel‹.

Die Sozialpsychologin Christine Kirchhoff hat kürzlich daran erinnert, dass die Untersuchung von Pohrt »auch wegen ihrer so beiläufigen wie luziden Methodenkritik sehr empfehlenswert« (Kirchhoff 2020: 45) ist. Pohrt führte mit den Befragten Gespräche und bat sie um Einschätzung von 55 Sätzen. An der Bereitschaft, Aussagen zuzustimmen, die irrational, weil in sich widersprüchlich sind, las Pohrt die Bereitschaft ab, sich Herrschaftsverhältnissen zu unterwerfen, auch wenn deren Irrationalität geahnt wird. Kriterien waren u.a. »Unterwerfungswünsche«, »triebhafte Aversion gegen Fremdes«, »Lustfeindschaft«, »Futterneid«, »Frustration«, »Zivilisationsfeindschaft«. Man müsse, folgerte Pohrt, bei deutschen Probanden 1990 mit noch mehr Irrationalität rechnen als bei denen, die 45 Jahre vorher in Kalifornien getestet worden waren, als mit Hilfe der berühmten »F-Skala« herausgefunden werden sollte, was Menschen für antidemokratische Propaganda empfänglich macht. Pohrt (dem von deutschen Friedensbewegten und Grünen, deren Aufstieg er in den 1980er Jahren als Kommentator begleitete und scharf kritisierte, mitunter vorgeworfen worden ist, er habe

seit Adorno nichts mehr dazugelernt) hat Adornos Skala in einem
zentralen Punkt aktualisiert. Er brach mit der Regel, dass

> »sich Irrationalität und objektive Wahrheit in jedem Satz
> die Waage halten [...].‹ Im Gegensatz zu dieser Maxime
> wurde hier versucht, [...] Sätze zu verwenden, die [...]
> ausschließlich irrational sind [...]. Vermieden werden
> sollte die [...] Haltung, die Reaktion auf einen Satz voreilig
> als Symptom zu deuten und die F-Skala dabei unbewußt
> als einen neuen Moralkodex zu betrachten.« (Pohrt 1990:
> 52f.) »Der erste Satz der F-Skala hieß: ›Respekt und
> Gehorsam gehören zu den wichtigsten Tugenden, die ein
> Kind lernen kann.‹ (Variable Konventionalismus und
> autoritäre Unterwürfigkeit) Er wurde in dieser Studie
> ersetzt durch: Echte Freiheit verlangt, daß man sich in die
> Gemeinschaft einfügt. Die Begründung: Die ursprüngliche
> Behauptung ist nicht irrational genug«. (54)

Bei klarer Überlegung könnten weder Liberale noch Autoritäre
den neuen Eingangssatz seiner Skala sinnvoll finden; sie wüss-
ten ja entweder »die persönlichen Freiheitsrechte« zu schätzen
oder aber »die scharfen Kommandos« (55). Wer dem in sich
widersprüchlichen neuen Satz dennoch zustimmt, bekunde Bereitschaft zur »Unterwerfung unter die Diktatur des Wider-
sinns«; er (oder sie) pflichtet dann »nicht einer Meinung bei,
von der er überzeugt ist, sondern er dokumentiert seine Bereitschaft, eine Behauptung für richtig zu halten, die weder er
selbst oder irgendein anderer verstehen kann« (ebd.).

Adorno hatte 1945 festgestellt, dass zur Struktur eines autoritätsgebundenen Charakters Identifikation mit Macht schlechthin gehört. Die F-Skala zeigte seelische Dispositionen, die im
Spiel sind, wenn demokratische Gesellschaften sich selbst unterhöhlen. Pohrts Befund lautete 45 Jahre später, dass bei den
Befragten »gegen ein konventionelles autoritäres Regime kein

inhaltlich begründeter Widerstand in nennenswertem Umfang existieren würde« (266). Mit der gebotenen methodischen Kontrolle konnte er prognostizieren, »daß der Rechtsradikalismus salonfähig wird« (267). Wenn er nicht mehr nur »durch Personen von zweifelhaften Fähigkeiten und von zweifelhaftem Ruf« (ebd.) vertreten werde, wären die Zeiten vorbei, da rechtsradikale Parteien »kein gesellschaftlich etabliertes, durch eine bürgerliche Karriere qualifiziertes Führungspersonal vorzuweisen« hätten und »als ein chaotischer Haufen von Hallodris« auftreten, »die man nicht wählen kann« (ebd.). Würden erfolgreiche Aufsteiger das Bild prägen, könne die Bevölkerung nach Herzenslust »die Partei der Ordnung« wählen und müsse sich nicht mehr gezwungen fühlen, »liberaler zu wählen, als sie empfindet« (ebd.). Jahre später fuhr dann die AfD, die in den Anfängen mitunter eine ›Professorenpartei‹ genannt wurde, ihre großen Erfolge ein.

Pohrts Studie erschien dem Institutsleiter suspekt; sie durfte 1991 nicht im Hausverlag des Hamburger Instituts für Sozialforschung erscheinen. Der Literaturwissenschaftler Jan Philipp Reemtsma hatte in den frühen 1980er Jahren über seine Kulturstiftung die Gründung des Adorno-Archivs der Stadt Frankfurt ermöglicht, als dessen Leiter Adornos Herausgeber Rolf Tiedemann lange Zeit tätig war. In Reemtsmas eigener Forschungseinrichtung hatte die kritische Theorie jedoch keinen Platz. Quasi als Haus-Soziologe fungierte längere Zeit der Wissenssoziologe Stefan Breuer, der vor einigen Jahren eine Art Abschlussbericht über die Kritische Theorie vorgelegt hat, die ›als soziologisches Programm endgültig gescheitert‹ sei (Wallat 2020). Pohrts Mentalitätsstudie erschien dann (versehen mit einem unterkühlten Vorwort von Reemtsma) im Hausverlag der Hamburger Monatszeitschrift *konkret*, deren Kulturteil Pohrt in den 1980ern eine Zeitlang seinen ›adornitischen‹ Stempel aufgedrückt hatte. – Nach wie vor erscheinen dort (wie auch in der Wochenzeitung *jungle world*) an Adorno geschulte ideologiekritische Analysen. So etwa ein Bericht über die »QAnon«-Bewegung – zu einem Zeitpunkt, als dieses Phänomen in der Berichterstattung der politisch neutralen ›Qualitätsjournalist:innen‹ noch nicht auftauchte, und Monate, bevor »QAnon«-Anhänger der Aufforderung des seinerzeit amtierenden Präsidenten der USA folgten, das Parlament in Washington zu stürmen. Diese rechtsradikale Gefolgschaft ist eine bizarre aktuelle Variante der Paranoia autoritätsgebundener Charaktere in den USA. Nach dem Muster alter antisemitischer Erzählungen ist man davon überzeugt, dass eine Clique von Mächtigen des Establishments sich als Kinderschänder und -mörder betätigt. Das findet auch in Deutschland zunehmend Anklang (Kracher 2020), wo ja schon einige Zeit vor den Ereignissen in Washington versucht wurde, das Parlamentsgebäude in der Hauptstadt zu stürmen (freilich ohne den Segen des Staatsoberhaupts). Solche Analysen aktualisieren Gedanken von Adorno, der 1960 in einem Vortrag über das Problem der autoritätsfixierten Persönlichkeiten daran erinnert hat, »daß diese Menschen immerzu glauben, daß die anderen irgendwelche Verschwörungen im Dunkeln machen« (N Abt. V, 1: 256). Wenn ihre paranoiden Projektionen zu einem gesellschaftlichen Gruppenphänomen würden, sei das für die Einzelnen eine erhebliche Entlastung; die gesellschaftliche Gefahr steige hingegen »durch die Sozialisierung bestimmter Wahnideen«, die dafür sorgt, dass »den betreffenden Menschen gewissermaßen ihre individuelle Geisteskrankheit erspart bleibt« (257). Als wichtigstes Symptom dieses Kollektivwahns nannte Adorno neben dem Antisemitismus die Verfolgung der Afroamerikaner:innen in den USA. Die Paranoiden von heute scheinen hier bruchlos anzuschließen. »Was gegen die Verschwörer zu unternehmen sei, steht auch fest«, berichtet Veronika Kracher: »Donald Trump ist [...] der Retter Amerikas, ja der Welt, die letzte Bastion im Kampf gegen Kulturmarxismus und Moderne.« (Kracher 2020: 35)

Rechts, wo die völkische Mitte ist

Seit 2002 führt eine Forschungsgruppe der Universität Leipzig um Elmar Brähler und Oliver Decker bundesweit repräsentative Befragungen durch. Ihre *Mitte-Studien* gelten als zeitgemäße, methodologisch optimierte Fortführung der von Adorno und dem Frankfurter Institut inspirierten Untersuchungen. Brähler und Decker stellten 2016 eine erhebliche Polarisierung der politischen Milieus fest. Sie führten sie auf eine »soziale Normverschiebung gegenüber den Migrationsbewegungen« zurück. In allen Meinungsmilieus tritt im langjährigen Mittel »eine völkische Komponente hervor, die die Wahrnehmung von Migranten/innen bestimmt« (Decker/Brähler 2016: 133).

> »Ihre Bedeutung ist die der Bedrohung des Eigenen [...].
> Dabei ist die Haltung gegenüber Migranten/innen der
> Kristallisationspunkt, an dem sich demokratische und
> antidemokratische Milieus voneinander abgrenzen«.
>
> (133f.)

In ethnozentrischen Milieus geht der Hass auf Fremde mit einem »rapiden Vertrauensverlust bezüglich der Institutionen des demokratischen Rechtsstaats« (134) sowie mit verstärkter Ablehnung freiheitlicher Gesellschaftskonzepte einher.

Der Politikwissenschaftler Kurt Lenk, der bei Horkheimer und Adorno in Frankfurt studiert hat, gab einer Sammlung von ideen- und problemgeschichtlichen Untersuchungen den Titel *Rechts, wo die Mitte ist* (Lenk 1994). Was Wissenschaftler:innen damals wie heute vorsichtig und differenziert beschreiben, heißt im Klartext: In deutschen Städten wurde es gefährlich, als die ›Merkel muss weg‹-Rufe durch die Straßen hallten. Die Kraft zur Verdrängung ist durch Verbitterung geschwächt – wie bei Kindern, die sich vom Thron gestoßen fühlen, wenn die

Eltern sich auch einmal für andere interessieren. Wenn die bestehenden Mächte zu schwächeln scheinen, schwindet die Bereitschaft, sich ihnen zu unterwerfen; dann kann sich der Zorn auch gegen die Autorität richten. Je mehr der autoritätsgebundene Charakter gesellschaftlich dominiert, desto wilder die Wut auf alle, die vermeintlich Schwäche zeigen. Wo zuvor affektive Identifikation bestand, zeigt sich nun die andere Seite des regressiven Charakters: das Aufbegehren im Geiste des Ressentiments. Wut über vermeintliche ›Unfairness‹ machte sich in Beschimpfungen wie ›Migrantenkanzlerin‹ oder ›Volksverräterin‹ Luft. Die emotionale Bindung der Beherrschten an demokratische Machthaber:innen, ein wichtiges Mittel zur Herrschaftssicherung, scheint zu erodieren. Infantile Sehnsucht nach Schutz und regressive Sehnsucht nach destruktiver Gewalt gegen vermeintliche Rivalen um die Gunst der Herrschaft (›Scheinasylanten‹, ›Asyltouristen‹) richten sich mittlerweile auch auf etablierte politische Führungsfiguren. Doch die Fixierung auf die Herrschaft bleibt davon unberührt.

Man mag den autoritätsgebundenen Charakteren auf den Straßen und in den Filterblasen des falschen Bewusstseins zurufen, sie sollten gefälligst »die Fresse halten« (Jan Böhmermann). Aber das werden sie nicht. Wenn sie es ehedem aus Furcht vor Sanktionen taten, werden sie es wohl kaum aus freier Einsicht tun, nachdem die Sanktionsgewalten bröckeln. In der Bundesrepublik steht eine Partei bereit, die die Forderungen der außerparlamentarischen Opposition auf den Straßen in die Parlamente trägt. Ihr Programm verheißt autoritäre Oberklassenherrschaft mit angedrehter Massenbegeisterung – also, gemäß Sebastian Haffners (1978: 77) knapper, aber treffender Definition: den Faschismus. Leute, die ›Lügenpresse‹ schreien und Fernsehreporter verprügeln, tun das vermutlich nicht, weil sie mit Gründen zwischen Wahrheit und Lüge unterscheiden können (oder wollen). Sie scheinen sich eher wenig für die reale

Welt zu interessieren; sie wollen sie nicht begreifen, um sie verändern zu können. Das Ressentiment sucht Bestätigung in irren Konspirationserzählungen, sein Bedürfnis ist autoritär, die Rebellion keine im Namen der Freiheit.

Kritik der Halbbildung: zwischen ›Bildungskatastrophe‹, ›PISA-Schock‹ und Università alla Bolognese

Mit dem Satz: »Die Forderung, dass Auschwitz nicht noch einmal sei, ist die allererste an Erziehung« (GS 10: 674), leitete Adorno in den 1960er Jahren die Ära der kritischen Erziehungswissenschaft ein, die in den 1970er Jahre begann. Er hatte das normative Prinzip eines Diskurses formuliert, der nicht nur die Studentenrevolte der 1960er mit auslöste, sondern auch noch die Debatten über Formen der Erinnerungspolitik in den 1980er und 1990er Jahren bestimmte. Das Postulat war in der Ära des wortreichen Beschweigens des Holocausts provokativ. Mit den Jahren wurde es zum Bestandteil einer Übereinkunft des öffentlichen Sprechens über den deutschen Völkermord sowie über die moralischen und pädagogischen Konsequenzen daraus.

Die Erziehungswissenschaftlerin Katharina Rhein hat auf einen erziehungswissenschaftlichen und -praktischen Konsens hingewiesen, der Adornos kritischer Theorie mittlerweile die Spitze abbricht. Wenn dieser Konsens Adornos Intervention nämlich auf die Forderung *reduziert*, eine Wiederholung von Auschwitz zu verhindern (was unter denkenden Menschen ja schwerlich dissensfähig ist), dann ist zu konstatieren, dass die Forderung, auf paradoxe Weise, selbst »zum Teil zu nationaler Mythenbildung zu verkommen droht« (Rhein 2019: 14).

© Springer-Verlag GmbH Deutschland, ein Teil von Springer Nature 2021
G. Schweppenhäuser, *Adorno und die Folgen*, https://doi.org/10.1007/978-3-476-05822-5_5

»Dass Auschwitz erinnert werden muss, gehörte seit den 1980er Jahren [...] zum offiziellen deutschen Selbstverständnis. Mit der Vereinigung der beiden deutschen Staaten konnte diese Form des selbstbewussten Erinnerns an das wachsende Selbstbewusstsein der deutschen Nation als geeinte Nation gekoppelt werden. So ist man inzwischen [...] nicht mehr trotz, sondern wegen Auschwitz stolz auf Deutschland, denn schließlich erfülle man eine Vorbildfunktion im Hinblick auf die Geschichtsaufarbeitung«. (11)

So befremdend dieser Befund klingt – er ist nicht von der Hand zu weisen. Man muss sich beispielsweise in Erinnerung rufen, wie ein grüner Bundesaußenminister seinerzeit mit dem Kampfruf ›Nie wieder Auschwitz‹ zur Teilnahme der Bundeswehr am Angriffskrieg gegen Serbien ohne UN-Mandat mobil machte: Angeblich sollte der Waffengang eine ›humanitäre Katastrophe‹ verhindern; in Wirklichkeit trieb er sie erst richtig voran (Schweppenhäuser 1999; Augstein 2019). Mitte der 1960er Jahre sah die Sache anders aus. Im öffentlichen Diskurs galt als Störenfried, wer über den deutschen, industriell betriebenen Massenmord an den europäischen Juden sprach und schrieb. In der Erziehungswissenschaft wurden Bindung und Gemeinschaft im Geist humanistischer Ideale gepredigt; nicht zuletzt, um die Jugend des Landes gegen Einflüsterungen des Kommunismus zu wappnen.

»Für Adorno war 1966 noch nicht antizipierbar, dass in Deutschland einmal ein Zustand eintreten würde, in dem sich das nationale Selbstbild auf die vermeintlich gelungene Auseinandersetzung mit Auschwitz beruft und der Pädagogik hierbei eine bedeutsame Rolle zugewiesen wird. Dass seinerzeit [...] die zitierten Sätze in einer interessierten, kritischen Öffentlichkeit eine besondere

Aufmerksamkeit erhielten, ist nicht verwunderlich, weil sie etwas artikulierten, an dem es der politischen Bildung – und nicht nur ihr – damals weitgehend fehlte«.

(Rhein 2019: 13)

Als eine Ursache für Gefährdungen der jungen Demokratie benannte Adorno Fremdbestimmtheit durch selbstgemachte Macht- und Eigentumsverhältnisse. Die »Erziehung der Erzieher« (GS 10: 569) sei Voraussetzung für Widerstand gegen neue Formen des Totalitarismus und des Nationalismus. In Frankfurt hatten zu jener Zeit bereits mehrere Generationen von Studierenden bei ihm und Horkheimer gelernt, wie man an die europäische Aufklärung anknüpfen kann. Das Denken von Platon, Aristoteles, Augustinus, Spinoza, Kant und Hegel, von Marx, Nietzsche und Freud wurde neu und kritisch angeeignet. Lehre und Forschung bei Horkheimer und Adorno: Das war sozialwissenschaftliche Feldarbeit in Teams; Textarbeit und Diskussionen in Seminaren; überraschende Überblicksvorlesungen. Dazu gehörte die Aufarbeitung der deutschen Verbrechen zwischen 1933 und 1945. Die Bildungs- und Kulturinstitutionen der Bundesrepublik sollten demokratisch inspiriert werden.

Adorno und Horkheimer gingen in den 1950er und 60er Jahren davon aus, dass das Konzept ›Vernunft‹ als philosophischer Leitbegriff der abendländischen Zivilisation nach und nach durch das Konzept ›Rationalität‹ ersetzt werde. In der nominalistisch-empiristischen Tradition von Hobbes, Locke und Hume ist Rationalität nicht deckungsgleich mit Vernunft. Diese wurde in nicht-nominalistischen Philosophien, allen voran der Hegel'schen, als der Welt strukturell innewohnend gedacht, während Rationalität eine Instanz ist, über die das (individuelle) Interesse konzeptualisiert wird. Primäres Interesse war in der nachfeudalen Epoche die Selbsterhaltung; zunächst die individuelle, und sodann, um diese zu gewährleisten, die des nationalstaatlichen Herrschaftsapparates. Als Rationalität, so die

89

These von Horkheimer und Adorno, regrediere Vernunft zum subjektiven Vermögen, die optimalen Mittel zu berechnen, um praktische Ziele zu erreichen. Das autonome Potential der Vernunft werde aufgegeben; damit aber auch der Anspruch kritischer Selbstreflexion, die Ziele und Zwecke, auf die Praxis sich richtet, selbst zu bestimmen. Naturbeherrschung werde höchstes rationales Ziel und Norm des sozialen Handelns. Vermessung und statistische Erfassung zum Zweck der Wahrscheinlichkeitsberechnung würden zur *ultima ratio*. Aber die Emanzipation der Menschen durch Naturbeherrschung verlängere die Herrschaft von Menschen über Menschen. Die Einsicht, dass die Ordnung der Welt nicht von Natur aus besteht, sondern von Menschen gemacht ist, führe nicht zur Realisierung der Freiheit. Frei wäre eine Gesellschaft als Subjekt ihres geschichtlichen Handelns, die versucht, eine vernünftige Ordnung herzustellen. Statt der Bemühung um eine vernünftige Sozialordnung aus Freiheit in solidarischer Praxis herrsche das ›subjektlose Allgemeine‹ der kapitalistischen Produktionsweise. Infolgedessen sei das philosophische Konzept *Vernunft* (inklusive Selbstreflexion und Kritik) fast überall, auch in der Philosophie, durch das Konzept *Rationalität* ersetzt worden.

Horkheimer (1947: 131) hat Rationalität als »Formalisierung der Vernunft« bezeichnet. Sie stehe der »Herrschaft« (155) näher als der »Substanz der Vernunft«, die durch »die fortschreitende Rationalisierung« tendenziell ›vernichtet‹ werde (26). Wenn unter Rationalität heute die kognitive Fähigkeit der Erfassung von Problemen und zur Entwicklung von Lösungsstrategien verstanden wird, erscheint es nur folgerichtig, dass man in der Forschung über künstliche Intelligenz die menschliche Vernunft nach diesem Konzept re-modelliert hat.

Bildungskatastrophe, Muff und Widerstand

Marcuse sprach in den 1960er Jahren von einer *technologischen* Rationalität, die als allgemein anerkannte, scheinbar alternativlose Reflexionsform einer gesellschaftlichen Lebensweise, die Partikularinteressen von Kapitalverwertung und politischer Kontrolle als Universalinteresse auftreten lässt: Die »Irrationalität« des gesellschaftlichen Ganzen habe insofern einen »rationalen Charakter« (Marcuse 1964: 29).

Ab 1967 wollten zornige Studierende in der Bundesrepublik Bildungsprivilegien und reaktionäre Lehrinhalte abschaffen, um die Bastionen ideologischer Herrschaftssicherung zu schleifen. Von Solidarität mit der studentischen Elite konnte bei der Mehrheit der Bevölkerung keine Rede sein, für sie war die Propaganda der Springer-Presse maßgeblich. Gehörten die ungewaschenen ›Gammler‹ nicht in Arbeitslager (oder gleich an die Wand gestellt)? Es fehlte nicht an Politikern, die den Hass gegen kritische Intellektuelle schürten. Doch so paradox es klingt: Unter dem Konflikt an der Oberfläche gab es einen latenten Konsens. Die Schwungkraft des Protests von 1968 kam nicht allein aus der Nische radikaler Gesellschaftskritik. Den Druck, der schließlich zur Hochschulreform führte, machten auch jene Kräfte, die (schon damals, als man das noch nicht offen sagte) unter *Reformen* Maßnahmen verstanden, mit denen die Leistungsfähigkeit im wirtschaftlichen Konkurrenzkampf gesteigert werden kann.

1964 hatte der Religionsphilosoph Georg Picht vor einer »Bildungskatastrophe« gewarnt. Picht war Heidegger-Schüler, doch er bewunderte Adornos Philosophie und schrieb nach dessen Tod: »Daß zum ersten Mal in der deutschen Geschichte der Satz ›Der Geist steht links‹ eine politische Bedeutung gewonnen hat, ist ohne die Wirkung von Adorno nicht zu erklären.« (Picht 1969: 125). Aber die enorme Resonanz, die Pichts Diagnose vom Bildungsnotstand auslöste, war auf die Sorge zurückzuführen, dass ein rückständiges Bildungswesen und zu wenig Lehrpersonal die BRD im internationalen ökonomischen Wettbewerb zurückfallen lasse. Die Angst vor dem Niedergang der ›Kulturnation‹ vermochte auch 20 Jahre nach ihrem Vernichtungskrieg, der der ganzen Welt vor Augen geführt hatte, wie barbarisch die Kulturnation war, geistig-moralisch zu mobilisieren.

Eine kluge Parole der Achtundsechziger lautete damals: »Kapitalismus führt zum Faschismus – Kapitalismus muss weg«. Sie war nicht von Pichts Interventionen vorbereitet worden, sondern von Horkheimer (1939: 308f.), der knapp 30 Jahre zuvor geschrieben hatte: »Wer [...] vom Kapitalismus nicht reden will, sollte auch vom Faschismus schweigen.« Eine weitere Parole – heute viel bekannter als die zuerst genannte, ja geradezu legendär – kam aus der Hamburger Universität und lautete: »Unter den Talaren – Muff von 1000 Jahren«. Was genau war damit gemeint? Jedenfalls nicht, dass die deutsche Universität im Lichte eines länderübergreifenden wirtschaftlichen Wettbewerbs veraltet wäre. Die muffigen ›1000 Jahre‹ standen nicht für eine in Ehren ergraute Geschichte höherer Lehranstalten; sie standen für das Grauen des sogenannten ›tausendjährigen‹, des ›dritten‹ Reichs. »Dutzende ordinierte Nazis« (Sonnemann 1971: 159) wirkten nach 1945 an der Durchseuchung der Hochschulen in Deutschland mit. Dagegen richtete sich der Protest gegen den tausendjährigen »Muff«.

Das Leitmotiv von Adornos Vision kritischer Pädagogik war die Idee einer »Erziehung zum Widerspruch und zum Widerstand« (Adorno 1969: 153). Bis heute ist diese bewusstmachende, zu praktischem Nonkonformismus ermutigende »Wendung zum Subjekt« (N Abt. V, 1: 249) im Selbstverständnis vieler Erziehungswissenschaftler:innen verankert. In den 1950er und 1960er Jahren referierte Adorno häufig in Institutionen der Lehrerbildung. Im Hessischen Rundfunk führte er in den 1960ern bildungspolitische Gespräche mit Hellmuth Becker, dem Leiter des Max-Planck-Instituts für Bildungsforschung, und plädierte in der Tradition Kants für ein Konzept von Erziehung, die Heranwachsenden auf ihrem Weg zu vernunftgeleiteter Selbstbestimmung helfen und angstfrei machen sollte. Nach dem posthumen Erscheinen des Buches *Erziehung zur Mündigkeit* – es ist bis heute sein meistverkauftes – wurden Adornos Impulse in verschiedener Gestalt umgesetzt. Klaus Mollenhauer, Wolfgang Klafki und Herwig Blankertz begründeten Anfang der 1970er Jahre eine kritische Pädagogik, die den Reflexionshorizont von Generationen von Lehrenden und Erziehungswissenschaftlern geprägt hat – nicht zuletzt im Rahmen des erfolgreichen »Funkkollegs Erziehungswissenschaft«, das Gerd Kadelbach 1969 und 1970 beim Hessischen Rundfunk betreute. Sie knüpften allerdings in erster Linie an Habermas' Typus des emanzipatorischen Erkenntnisinteresses, dem normativen Fundament kritischer Wissenschaft, an. Der Frankfurter Erziehungswissenschaftler Heinz Joachim Heydorn und sein Darmstädter Kollege Gernot Koneffke haben die Ideengeschichte der Widersprüche und Potentiale des bürgerlichen Bildungsbegriffs aufgearbeitet (Burghardt 2020: 438ff.). Oskar Negt, der bei Adorno studiert hatte, setzte den Mündigkeitsgedanken in vielfältige sozialpädagogische und politische Praxis um; bis heute begleitet er diesen Prozess reflexiv. Regina Becker-Schmidt und Gudrun-Axeli Knapp führen von Adorno inspirierte Ansätze im Kontext von feministischen Diskursen und Gender Studies weiter.

Adorno hat in den *Minima Moralia* und an anderen Stellen betont, dass eine Konkurrenzgesellschaft, die Selbsterhaltung ohne weitere vernünftige Zielbestimmung zum Fetisch mache, bürgerliche »Kälte« als Charakterdisposition festschreibe. Andreas Gruschka (1994) hat ein methodisch ausgefeiltes Konzept vorgelegt, mit dem sich »Kälte« als schulisch institutionalisiertes Erziehungsprinzip analysieren und kritisch bearbeiten lässt.

Einige Aspekte von Adornos pädagogischen Reflexionen wurden nach seinem Tod umgesetzt, z.B. die stärkere Gewichtung des politischen Unterrichts in der Schule und die historische Bewusstseinsbildung, insbesondere über die Verbrechen des nationalsozialistischen Deutschlands. Andere Desiderate waren bereits zu seinen Lebzeiten in Gang gekommen: Antisemitismusforschung, Aufwertung von Soziologie und Kriminologie an den Universitäten, Institutionalisierung der Psychoanalyse. Zu einer systematischen psychoanalytischen Erforschung verurteilter Naziverbrecher, von der Adorno sich Aufschlüsse über verkehrt verlaufende Identitätsbildung versprach, ist es nicht gekommen. Ebenso wenig wurde die Anregung aufgegriffen, »mobile Erziehungsgruppen und -kolonnen« (GS 10: 680) zu bilden, die zurückgebliebene Landbewohner auf den aktuellen Stand zivilisierter Vernunft bringen sollten. Dagegen verhallte Adornos Ruf nach volkspädagogischen, aufklärerischen »Fernsehsendungen« (ebd.) nicht ungehört. Auch das Konzept einer »Erziehung des ›Madig-Machens‹« (Adorno 1969: 154), von der sich Adorno eine Immunisierung Heranwachsender gegen das kulturindustrielle *brainwashing* versprach, wurde immer wieder, im erzieherischen Alltag und in den Medien, umgesetzt.

Die von Adorno geforderte, von der Studierenden-Bewegung dann auch auf aktionistische Weise praktizierte, kritische und nicht bloß legitimatorische ›Aufarbeitung‹ der Vergangenheit diente also nicht nur der Geschichtsschreibung. Sie war selbstverständlich auf die Zukunft gerichtet, die eine der Freiheit und der Selbstbestimmung werden sollte.

Bildungsprozesse müssen selbstbestimmt verlaufen. Institutionen schaffen Bedingungen dafür; wenden sie Zwang an, wie subtil auch immer, sind die Weichen in Richtung Scheitern gestellt. Der philosophische Bildungsbegriff, von dem auch Adorno ausging, steht für die subjektive Aneignung der kulturellen Überlieferung: durch Individuen, die an ihren Errungenschaften teilhaben, um sich selbstbestimmt im kulturellen Ganzen zu bewegen und dessen Transformation mitgestalten zu können. Mittlerweile sind Bildungsprozesse derart in Regie genommen worden, dass der andere Aspekt, der im bürgerlichen Bildungsbegriff freilich auch schon enthalten war, dominiert: die Anpassung der sich bildenden Individuen an die Erfordernisse eines soziokulturellen Zusammenhangs, in dem die soziale Funktion von Bildung darin besteht, Selektionskriterien für den Zugang zu Privilegien bereitzustellen.

Das Bildungsbürgertum ist substantiell stets Besitzbürgertum gewesen. Auch heute, da man aus der Perspektive kritischer Theorie von einer partiellen Auflösung der bürgerlichen Gesellschaft sprechen kann, findet die Vergabe des Zugangs zu Privilegien nach wie vor unter Bedingungen des Privateigentums an den Produktionsmitteln statt; die sind mittlerweile zu einem nicht geringen Teil *Medien*. Sofern also von einer partiellen Auflösung der bürgerlichen Gesellschaft die Rede sein kann, betrifft dies eher den sogenannten Überbau, die kulturelle Sphäre, nicht die Substanz von Eigentum und Herrschaft. Die Verfügung über symbolisches Kapital, könnte man mit Pierre Bourdieu sagen, hat den objektiven Sinn der Qualifikation für die Verfügung über reales Kapital.

Die konformistische Bildungsrebellion

Knapp 30 Jahre nach »Achtundsechzig« kam die Bildungspolitik einer erneuten Protestwelle wohlwollend entgegen. 1997 streikten in Deutschland die Studierenden, sie forderten keinen gesellschaftlichen Wandel, sondern mehr Geld für die Hochschulen. Es kam zu einer Allianz zwischen dem Protest der Studierenden und dem Kalkül zeitgemäß denkender Bildungspolitiker und Bildungsökonomen. Letztere empfanden etliche Forderungen der streikenden Studierenden als konstruktiv. Einige wurden praktisch umgesetzt, als 1999 in Bologna eine europaweit durchgreifende Hochschulreform auf den Weg gebracht wurde. Bessere Ausstattung für die Hochschulen? Gern, wenn das Studium lebensnäher wird. Die Grenzen der Bildungskulturen europäischer Länder sollten fallen; fallen sollte auch die Grenze zwischen Bildung und Ausbildung. Das bildungspolitische Schlagwort lautete »Employability«. Es wurde zum Kampfbegriff gegen überkommene Inhalte und Formen des akademischen Geisteslebens. Wer ein Hochschulstudium absolviert, soll »einstellbar« werden; akademische Bildung sollte nach und nach durch eine höhere Ausbildung ersetzt werden, die in kurzer Zeit für den Job fit macht. Vermeintlich überholten Inhalten und Formen des akademischen Geisteslebens wurde der Kampf angesagt. Das europäische Schul- und Hochschulsystem wurde marktradikal reformiert, um Bildungsprozesse effizienter lenken zu können.

Das strategische Design lieferte ein Global Player der Kulturindustrie: die Bertelsmann-Gruppe, ein weltweit tätiger Medienkonzern, der durch den Handel mit Büchern und Musikkonserven groß geworden war. Seit den 1990er Jahren treibt der Konzern, über das von der Bertelsmann-Stiftung finanzierte »Centrum für Hochschulentwicklung«, die Kommodifizierung von Bildung und Wissenschaft voran. Stimmung dafür wurde in Deutschland maßgeblich von der konzerneigenen Wochenzeitung *Die Zeit* gemacht. Schulen und Hochschulen werden seither output-orientiert geleitet und kontrolliert wie Unternehmen, die Waren für Märkte herstellen (vgl. Knobloch 2006).

Bolognas Ergebnisse haben nicht alle glücklich gemacht. Aber die Beteiligten schickten sich in ihr Los. Widerstand gegen die Abschaffung der Autonomie von Hochschulgremien hielt sich in Grenzen. Studentische Mitbestimmung? Macht sowieso nur Mühe und Ärger. In der Wirtschaft gab es zunächst Bedenken. Das weltweit bewährte deutsche Diplom abschaffen? Seit sich herumgesprochen hat, dass man Bachelor-Absolvent:innen weniger Gehalt zahlen muss, kommen aus der Wirtschaft keine Einwände mehr.

Adorno hat den in sich widersprüchlichen »Doppelcharakter« der Reform sehr früh auf den Begriff gebracht. 1968 sagte er in seiner Frankfurter Soziologie-Vorlesung, dass sich in der »Universitätsreform [...] zwei Motive« vermischen würden, die »einander widersprechen« (N Abt. IV, 15: 100).

> »Auf der einen Seite handelt es sich um eine wirklich emanzipatorische Bewegung, die dazu führen möchte, daß der Gedanke nicht gegängelt wird, daß den universalen Zwängen der Anpassung, wie sie die Gesellschaft ausübt und wie sie von der Kulturindustrie nun auch noch verwaltet werden, [...] die Bildung von autonomer Urteilsfähigkeit [...] gegenübergestellt wird. [...] Gleichzeitig aber und neben diesen [...] emanzipatorischen Tendenzen der Universitätsreform findet sich eine zweite, gar nicht deutlich davon geschiedene [Tendenz], die [...] das, was Horkheimer die ›instrumentelle Vernunft‹ nennt [...], völlig in das Zentrum stellt und die [...] darin besteht, die Universität zu verschulen, sie zu einer Fabrik von Menschen zu machen, die die Ware Arbeitskraft in möglichst rationeller Weise hervorbringt und die Menschen dazu befähigt, ihre Ware Arbeitskraft gut zu verkaufen; eine Tendenz, die ihrerseits notwendig gerade auf Kosten jener Autonomie-Bewegung geht«. (100f.)

Ist das Scheitern der emanzipatorischen Intentionen unvermeidlich gewesen? Ist es darauf zurückzuführen, dass der »Doppelcharakter« der Hochschulreform nicht ausreichend begriffen worden ist? Oder darauf, dass die Kräfteverhältnisse ohnehin keinen anderen Ausgang erlaubt hätten als einen zu Lasten des Kampfes um geistige Selbstbestimmung? Wer weiß. Fest steht, dass Adorno seine Einschätzung der Lage den Studierenden damals sehr eindringlich vorgetragen hat: »wenn ich es mir gestatten darf, ohne in Ihr Recht [...] diese Entscheidungen für sich selber zu treffen, einzugreifen, dann würde ich Ihnen raten, gerade diesen Doppelcharakter [...] doch einmal sich genau zu überlegen« (101). Fest steht auch, dass sich seine Einschätzung als treffend erwiesen hat. Vor ein paar Jahren war in der *Zeit* eine Picht-Bilanz zu lesen. Pichts Warnungen hätten zwar kurzfristig Wirkung gezeigt: »Von 1965 bis 1975 stieg der Anteil der öffentlichen Bildungsausgaben am Bruttoinlandsprodukt von 3,4 Prozent auf 5,5 Prozent« (*Die Zeit*, 2014). Aber das habe nicht ausgereicht, um sicherzustellen, dass das Wachstum im Bildungssektor mit dem allgemeinen Wirtschaftswachstum Schritt hält.

> »Während die meisten Industriestaaten den Anteil ihrer Bildungsausgaben am Inlandsprodukt weiter steigerten, liegt der Anteil in Deutschland – nachdem er zwischenzeitlich gesunken war – derzeit wieder bei 5,5 Prozent.«
>
> (Ebd.)

Grund für erneuten Alarm:

> »Das jedoch reicht nicht, um allen jungen Menschen eine Berufsausbildung zu bieten, um bedarfsgerecht Ganztagsschulplätze zu schaffen, um den Inklusionsprozess erfolgreich zu gestalten.«
>
> (Ebd.)

Mit einem Wort: Die nächste Bildungskatastrophe steht bevor, weil die Institutionen dem Bedarf des wirtschaftlichen Wachstums nicht gerecht werden. So kann es immer weitergehen. Aber nur, solange man die Augen davor verschließt, was Bildung ihrem philosophischen Begriff nach ist: ein Prozess, in dem sich Menschen kollektive Traditionen und Errungenschaften von Kultur und Wissenschaft aneignen, um urteilsfähige, autonome und widerstandsfähige Subjekte zu werden. Primärer Auftrag von Schule und Hochschule ist aber Anpassung und Auslese; dies gilt für den gesetzlich erzwungenen Schulbesuch wie für den freiwilligen einer Hochschule. In vielen Köpfen hat sich die Ansicht festgesetzt, dass man um diesen kaum noch herumkommt, wenn man sein Leben nicht am untersten sozialen Ende fristen will. Dabei sichert ein abgeschlossenes Studium mittlerweile keineswegs eine sichere und gut bezahlte spätere Anstellung.

Im Vergleich mit der Aufgabenstellung für Schule und Hochschule mutet die Quadratur des Zirkels wie ein Kinderspiel an: Abhängig Arbeitende müssen mit Grundkenntnissen und digitalen *skills* für die arbeitsteilige Produktion ausgestattet werden; eine Auslese der sozial Privilegierten ist sicherzustellen; fähiger Nachwuchs für bedarfsgerechte Forschung und Entwicklung ist vorzuhalten, ebenso für die kulturelle Elite im medialen Konkurrenzkampf der ›Kulturnationen‹. Dabei darf das Ideal des urteilsfähig-autonomen Subjekts nicht unter den Tisch fallen, denn es ist ja mittlerweile politisch erwünscht. Soviel ist dann doch wahr am Narrativ von der Schlüsselrolle der Frankfurter Schule bei der ›intellektuellen Gründung der BRD‹: Hinter Adornos Postulat einer »Erziehung zur Mündigkeit«, ohne die sich kaum verhindern lasse, dass etwas Ähnliches wie Auschwitz noch einmal geschehe, möchten seriöse Politiker:innen nicht zurückfallen.

Solange Schule und Hochschule funktional in den kapitalistischen Produktionsprozess eingebunden sind, gibt es aus diesem Widerspruch kein Entkommen. Auch nicht, wenn der komplexe Begriff der Bildung in »Kompetenzen« zerlegt wird, deren Modellierung fortan die Aufgabe von Schulen und Hochschulen sein soll – stets an »Kennzahlen« und »Zielvereinbarungen« orientiert und, präzise evaluierbar, auf mess- und zählbaren »Output« ausgerichtet. All das von einem »Qualitätsmanagement« überwacht, gegen das so manche Controlling-Abteilung in einer Firmenverwaltung locker anmutet. Dem Philosophen Dirk Stederoth zufolge ist der bildungswissenschaftliche Kompetenzbegriff so reduziert, dass er lediglich die formale Fähigkeit zur Problemlösung umfasst (Stederoth 2016: 18f.). Er entspricht also, würde ich ergänzen, dem entleerten Intelligenzbegriff, auf den man sich in der KI-Forschung geeinigt hat.

So erweist sich ein zentrales Konzept der marktorientierten Reform des Bildungswesens als Folgeerscheinung des rationalistisch verkürzten Begriffs der Vernunft. Dazu wird ein permanenter Konkurrenzkampf ausgerufen, der u.a. über Hochschul-Rankings stattfindet. Die Verknappung der finanziellen Unterstützung seitens des Staates bringt es mit sich, dass die Jagd nach Drittmitteln wichtiger wird als die Inhalte der Forschung. Freiräume, die sich ehedem immer wieder einmal auftaten, werden rar. Es passt in die Zeit, dass das Bayerische Staatsministerium für Wissenschaft und Kunst neuerdings eine Hochschulreform auf den Weg bringen möchte, in der Hochschulen sich hauptsächlich unternehmerisch betätigen sollen. »Im Windschatten der Pandemie sollen die bayerischen Universitäten einen atemberaubenden, durchökonomisierten Kurswechsel vollziehen« (Süß 2020) und noch weitaus stärker »Zulieferer für die Wirtschaft« (Evers 2021) werden, als sie das jetzt schon sind.

›Picht‹ minus ›philosophischer Bildungsbegriff‹ ist gleich Kompetenz- und Wettbewerbsideologie: Das ist die Formel der bildungstheoretischen Konjunktur-Kurve der letzten 50 Jahre. Der auch von Adorno inspirierte Protest der Achtundsechziger:innen verband die Forderung, die Bedingungen des akademischen Qualifikationserwerbs zu verbessern, mit der Reflexion auf soziale Bedingungen, die das nur um den Preis des Verlusts kritischer Widerstandskraft zulassen. Dabei unterlief den 68er:innen nicht der Denkfehler einer Quadratur des bildungsphilosophischen Zirkels. Im Gegenteil: Protest und Kampf um studentische Mitbestimmung machte den Widerspruch begrifflich und gesellschaftlich erst fassbar.

Exkurs: Adornos Ideologiebegriff

Ideologien gelten heute zumeist als Weltsichten verschiedener Gruppierungen. Ein Kriterium, um zwischen ihrer Wahrheit oder Unwahrheit zu unterscheiden, gibt es anscheinend nicht; man belässt es beim Aufzählen und Ordnen. Marx, der zunächst selbst einen neutral-pluralen Begriff von Ideologie verwendete und klassenspezifische, fortschrittliche oder reaktionäre Weltsichten unterschied, hat in seiner Ökonomiekritik einen kritischen Ideologiebegriff formuliert. Die Theorie vom »Fetischcharakter der Ware« besagt, dass Vergesellschaftung über die Mechanismen des Warentauschs gesteuert wird. Der freie und gleiche Tausch von Waren ist in bestimmter Hinsicht Schein: Das Kernstück der kapitalistischen Produktionsweise, der Arbeitsvertrag, verbindet zwei Kontrahenten, von denen einer gezwungen ist, seine Arbeitskraft als Ware zu verkaufen, während der andere über Produktionsmittel verfügt, an denen die Arbeitskraft mehrwertbildend eingesetzt werden kann. Freiheit und Gleichheit sind objektiver Schein – die Vorstellung vom Privateigentum, das auf der eigenen Leistung beruht, ist wahr und falsch zugleich. Auch die Rede von ökonomischen »Sachzwängen« ist eine Gestalt des Warenfetischismus. Diesen falschen, jedoch unvermeidbaren Schein bezeichnete man in der Folge als Ideologie.

Adorno hat mit einem legitimationstheoretischen Ideologiebegriff gearbeitet. Ideologien seien Rechtfertigungslehren, die Widersprüche glätten sollen, die darauf zurückzuführen sind, dass in der legitimierten Sache Gegensätze stecken, die sich durch Theorie nicht auflösen lassen. Daher sei Ideologie eine »Verschränkung des Wahren und Unwahren, die sich von der vollen Wahrheit ebenso scheidet wie von der bloßen Lüge« (GS 8: 465). Ideologiekritik sei demgegenüber kein »Relativismus«, sondern »bestimmte Negation, Konfrontation von Geistigem mit seiner Verwirklichung« (466). In einer Frankfurter Vor-

lesung über die Philosophie der Geschichte gab Adorno ein aktuelles Beispiel: Bei der Etablierung des Konzepts der Nation
im 19. Jahrhundert habe die bürgerliche Rationalität auf eine
Vorstellung von ›Stammes- und Naturverbänden‹ aus frühen
Stadien der Geschichte zurückgegriffen, die es längst nicht
mehr gab. Das Konzept der ›Rassen‹ war objektiv überholt, aber
es ging, vermittelt durch die naturalistische Begründung, in das
Konzept der ›Nation‹ ein, das zuvor, im 18. Jahrhundert, noch
»als eine Art Klassenbegriff definiert« worden war (N Abt. IV,
13: 151). Kritik am Begriff der Nation zielt daher auf die falsche
Beschreibung soziohistorischer Verhältnisse als Naturgegeben-
heiten. Sie übersieht jedoch nicht das Wahrheitsmoment bei
der Kennzeichnung einer Realität, die sich gegen ihre ge-
schichtlich-praktische Veränderung immunisiert. Das heißt,
das Konzept der ›Nation‹ ist ein Wahngebilde – jedoch nicht nur
das, sondern auch daseiende, falsche Wirklichkeit. Es ist ein
»geschichtlich-dynamischer und ökonomischer Verband«, der
sich »ideologisch als Naturverband auslegt« und im »Glauben
an die Rassen kulminiert« (154f.), der aber zugleich auch ein
objektiv fortschrittliches Moment bei der rationalen Organisa-
tion und der ökonomischen Produktivkräfte besitzt, ohne die
eine Überwindung jener Ordnung schwerer fiele, als sie es ohnehin schon ist.

Adorno hielt das klassische Konzept der Ideologiekritik
gleichwohl für veraltet, weil elaborierte Legitimationstheorien
gesellschaftlicher Herrschaft im Spätkapitalismus gar nicht
mehr benötigt würden. Was einst sorgsam ausgearbeitet und
begründet werden musste, präsentiere sich nun als pure Macht
des Bestehenden. Daher würden Theorien aussterben, die noch
einen Wahrheitsanspruch stellen und Wahrheitsmomente in
sich tragen (wenn auch in falscher Gestalt), an die immanente
Kritik anknüpfen kann. Ideologien hätten früher »gesellschaftlich notwendigen Schein« hergestellt, heute fungierten sie »nur
noch als Kitt« (GS 6: 342). Adornos Metaphern dafür sind »Ver-

blendung« (341) und »Bann« (342). Deren Irrationalität trete offen zu Tage, biete aber keinen Ansatz für Impulse zu ihrer Abschaffung. Der Nationalsozialismus habe es zu einer seriösen Ideologie nicht mehr gebracht und brauchte auch keine (GS 8: 465). Ideologie sei nicht mehr im wissenschaftlichen Bereich und im geistig-kulturellen Überbau beheimatet, weil sie in die soziale Basis selbst eingewandert ist. Sie »überlagert nicht das gesellschaftliche Sein als ablösbare Schicht, sondern wohnt ihm inne« (GS 6: 348). Macht- und Herrschaftsverhältnisse sagen gleichsam unmittelbar aus, dass sie unüberwindlich sind. Spezialisten zur Produktion komplexer und wohlbegründeter Rechtfertigungslehren werden überflüssig.

Dass die Diskurse des Poststrukturalismus die Dekonstruktion der Legitimität theoretischer Wahrheitsansprüche vorbereitet haben, ist ein Indiz, das für Adornos These spricht. Richtig ist auch, dass beispielsweise zur Rechtfertigung des sogenannten Bologna-Prozesses, der den Begriff der Bildung im marktradikalen Sinn, durch Kompetenz- und Modul-Atomisierung, in Warenform gebracht hat, keine subtile Theorie erarbeitet werden musste. Aber ohne Begründungen und argumentative Rechtfertigungen kam die Implementierung der Reformen auch nicht aus. Ebenso hat die poststrukturalistische Verabschiedung des Wahrheitsbegriffs nicht das letzte Wort gehabt. Und die wissenschaftlichen und politischen Debatten über die Verwendung des Rasse-Begriffs haben unlängst deutlich werden lassen, wie unerlässlich eine historisch reflektierte Ideologiekritik heutzutage ist.

Adorno hat vermutlich nicht an ein einfaches Ende der Ideologie gedacht, sondern eher an einen Gestaltwandel. In einer Vorlesung über Fragen der Geschichtsphilosophie sagte er, »die heute wirksamste Form der Ideologie« sei »die Kulturindustrie« (N Abt. IV, 13: 115). Deren Wirkungsweise bestehe jedoch nicht darin, bestimmte definierte »Theoreme, Anschauungen« (ebd.) zu transportieren. Vielmehr erzeuge sie eine Stimmung der

Identifikation mit den bestehenden Gestalten und Formen des Zusammenlebens. Sie liefere den sozialpsychologischen »Kitt« (ebd.), der in sich antagonistische Gesellschaften davor bewahre, auseinanderzufallen.

In der kritischen Sozialphilosophie der Gegenwart werden Ideologien als Theorien verstanden, die normative Aussagen als deskriptive präsentieren und sich selbst als solche missverstehen. Sie beschreiben nicht bloß, was ist; sie sagen zwischen den Zeilen auch, was sein soll, weil sie Auffassungen davon nahelegen, was die Welt ist und wie in ihr gehandelt werden kann (Jaeggi 2009: 281). Ideologien konstituieren soziale und kulturelle Praktiken. Ideologiekritik ist demgemäß der Versuch, aufzuzeigen, dass eine Theorie bloß vorgibt, ihre Gegenstände zu beschreiben, in Wahrheit aber implizit normativ ist, weil sie bestimmte Welt- und Handlungsorientierungen suggeriert (Eagleton 1993: 31f.).

Wenn man so argumentiert, muss man Adornos Konzept nicht verabschieden und sich auch nicht die neutralistischen Konsequenzen einhandeln, die dem Ideologiekonzept die Zähne ausgebrochen haben. Aber der Annahme, dass ideologische Legitimation heute überflüssig geworden sei, wird man kaum folgen können. Der objektive Schein, dass die Gesellschaftsform des globalen Kapitalismus auf Freiheit und Gleichheit beruht, wird heutzutage zum einen durch Doktrinen des Neoliberalismus legitimiert und zum anderen durch eine wohlfeil-moralische Kapitalismuskritik, die sich auf die vermeintliche Gier von Managern usw. fixiert, unfreiwillig bestätigt. Systemlogische Maßnahmen, mit denen der tendenzielle Fall der Profitrate bekämpft werden muss, werden als Folge des unethischen Verhaltens von Einzelnen missverstanden. Aber die »Erhöhung des Exploitationsgrads der Arbeit« (Marx 1894: 242), das »Herunterdrücken des Arbeitslohns unter seinen Wert« (245) und die »Zunahme des Aktienkapitals« (250), mit der wir es gegenwärtig zu tun haben, sind keine Auswüchse von Gier und Korruption. Sie

sollen den kleiner werdenden Mehrwertanteil in der vervielfäl-
tigten Warenmenge ausgleichen. Solche Maßnahmen sind notwendig zur Wertschöpfung, ein ›objektiver Schein‹, dem ideo-
logisches Bewusstsein entspricht. Inwieweit dies heute allerdings noch ›notwendig‹ ist, sei dahingestellt.

Exkurs: Adornos Ideologiebegriff

›High‹ and ›Low‹ Culture oder Kulturindustrie?

Im Bildungssektor wird das kritische Ideal selbstbestimmter Subjekte kassiert; Bildungsziel ist der messbare Erfolg im Konkurrenzkampf um sozialen Aufstieg. Das gleiche gilt für den Bereich der Kultur: In der »Kulturindustrie«, wie Adorno die kapitalistisch kolonisierte Massenkultur seit den 1940er Jahren nannte, setzt sich die Logik des Äquivalententauschs restlos durch, Kultur ist nur noch sozialintegrativ. Ginge es nach Adorno, sollten Bildung und Kultur wieder Räume geistigen Widerstands werden: gegen Konformismus und gegen das Sich-Abfinden mit bestehenden Herrschaftsverhältnissen.

Als »Kulturindustrie« bezeichneten Horkheimer und Adorno eine ideologische Formation, in der die ökonomische Logik liberalistischer Konkurrenz auf Märkten durch Konzentration wirtschaftlicher Macht in Oligopolen und Monopolen relativiert wird. In der Phase des Fordismus (ein Ausdruck, den Adorno nicht verwendet hat) fand die Inwertsetzung bzw. Kapitalisierung der Reproduktionssphäre statt, also der arbeitsfreien Zeit, die in den fortgeschrittenen Industriestaaten zur Sphäre des Konsums durchgeformt wurde. Ästhetische Produkte sowie deren Rezeption wurden nun nicht mehr nur zum Teil, sondern zur Gänze durch ihren Warencharakter präformiert, desglei-

© Springer-Verlag GmbH Deutschland, ein Teil von Springer Nature 2021
G. Schweppenhäuser, *Adorno und die Folgen*, https://doi.org/10.1007/978-3-476-05822-5_6

chen die gesamte (alltags-)kulturelle Sphäre. Adorno fasste Kulturindustrie, wie der Soziologe Stefan Müller-Doohm beschreibt, als »das globale und zugleich ausdifferenzierte Netzwerk der Kulturvermittlung« (Müller-Doohm 2018: 29) auf. Dazu gehören:

> »sowohl die Medien der Massenkommunikation, Zeitungen, Zeitschriften, Rundfunk, Schallplatte, Film und Fernsehen als auch Institutionen der Kulturverbreitung wie das Theater, die Museen, Festivals, der Buchmarkt, aber auch die diversen Sparten des Sports und andere Einrichtungen des Hobby- und Unterhaltungswesens«.
>
> (Ebd.)

All diese Institutionen und Formate sind im weiteren Sinn zu Medien der »Wirklichkeitskonstruktion und Sinnvermittlung« (ebd.) geworden; sie erzeugen »medienspezifische Strukturen der Weltwahrnehmung« (31). Adorno zufolge war das bürgerliche Kultur- und Bildungsprogramm, zumindest der Intention nach, dem Versprechen individueller Autonomie in gesellschaftlicher Freiheit verpflichtet. Dem lief die bürgerliche Selektions- und Repressionspraxis freilich stets auch zuwider. Doch während Kultur immerhin noch erlaubt habe, den kritischen Maßstab freier Selbstbestimmung zu formulieren und gegen ihre soziale Missbildung einzufordern, trainiere Kulturindustrie »Anpassungsbereitschaft« und »geistige[n] Konformismus« (38).

Mediensoziologie und Philosophie der Medien

In der heutigen Mediensoziologie werden Adornos Überlegungen zur Rolle der Massenmedien im Zusammenhang von Tauschabstraktion und Herrschaft häufig als nicht ›anschlussfähig‹ verworfen. Oder sie werden, wenn man, wie Habermas, mit einem handlungs- und kommunikationstheoretischen Modell der Massenmedien arbeitet, aus dem Blickwinkel einer Ambivalenztheorie der Massenmedien rezipiert. Massenmedien dienen demnach nicht nur autoritären oder konformistischen, sondern auch befreienden sozialen Bewegungen. Sie produzieren nicht nur Ideologie, sondern ermöglichen auch autonome Verständigung. Sie rahmen »den Horizont möglicher Kommunikation« in Machthierarchien und Verwertungskriterien, können ihn jedoch auch »entschränken« (Habermas 1981 b: 573). Die Ambivalenztheorie unterscheidet zwischen manipulativer Entmündigungsfunktion und Subversionspotential der Massenmedien, das in widerständiger Aneignung zu erschließen sei (Keppler 2019). Letzteres spielte für Adorno freilich eine marginale Rolle, aber es ist in seinen Schriften durchaus präsent – etwa in Hinweisen auf anarchische Impulse filmischer Komik oder auf Kinobesucher, die im dämmrigen Saal passiven Widerstand gegen fordistische Produktivität leisten (GS 3: 161).

»Fordismus« ist der Name, den der italienische Philosoph Gramsci erfunden hat, um die regulierte Phase des Kapitalismus in der Mitte des 20. Jahrhunderts zu bezeichnen. Soziale Herrschaft wird in dieser Phase entweder über die demokratische Ruhigstellung der in Gewerkschaften eingebundenen Nicht-Eigentümer der Produktionsmittel ausgeübt, oder über die autoritäre Lenkung der Arbeiterbewegung im Sowjetsystem bzw. ihre Zerschlagung in Faschismus und Nationalsozialismus. Die Arbeitskraft wird nicht mehr, wie im 19. Jahrhundert, bis zum letzten Tropfen ausgepresst. Sie wird zur Produktion von Verbrauchsgütern genutzt, die die Lohnarbeiter:innen kaufen sollen. Ziel ist die Vergrößerung des sozialen Wohlstands und Vollbeschäftigung. Dazu wird das Lohnniveau angehoben und die Freizeit kultiviert: als warenförmige Vergnügungs-, Sport- und Erlebnisindustrie.

Als Bestandteile des Systems der Vergnügungsindustrie identifizierte Adorno verschiedene Medien: den Film, das Radio, die illustrierten Magazine, die Unterhaltungsmusik und auch bereits das Fernsehen (GS 3: 145). Hinzu kamen die »dekorativen Verwaltungs- und Ausstellungsstätten der Industrie« (141) und nicht zuletzt: »Autos« (145). Kulturindustrie als soziales System ist die »Vollausnutzung von Kapazitäten für ästhetischen Massenkonsum« (161). Dieser sei mit der Ausbreitung der industriellen Massenproduktion von Waren erforderlich, um die Umwandlung des investierten Kapitals in neuen Mehrwert zu gewährleisten. Verglichen mit den »mächtigsten Sektoren der Industrie, Stahl, Petroleum, Elektrizität, Chemie« seien die »Kulturmonopole«

> »schwach und abhängig. Sie müssen sich sputen, es den wahren Machthabern recht zu machen. [...] Die Abhängigkeit der mächtigsten Sendegesellschaft von der Elektroindustrie, oder die des Films von den Banken, charakterisiert die ganze Sphäre, deren einzelne Branchen wiederum untereinander ökonomisch verfilzt sind. [...] Emphatische Differenzierungen wie die von A- und B-Filmen oder von Geschichten in Magazinen verschiedener Preislagen gehen nicht sowohl aus der Sache hervor, als daß sie der Klassifikation, Organisation und Erfassung der Konsumenten dienen. Für alle ist etwas vorgesehen, damit keiner ausweichen kann [...]. Die Belieferung des Publikums mit einer Hierarchie von Serienqualitäten dient nur der um so lückenloseren Quantifizierung. Jeder soll sich gleichsam spontan seinem vorweg durch Indizien bestimmten ›level‹ gemäß verhalten und nach der Kategorie des Massenprodukts greifen, die für seinen Typ fabriziert ist«.   (143f.)

An diesen Ausführungen aus der *Dialektik der Aufklärung* erkennt man Vorwegnahmen heutiger Üblichkeiten bei der Entertainment-Produktion. Und man erkennt, dass Adornos Kritik der Kulturindustrie keine Kulturkritik war, schon gar keine konservative, sondern Gesellschafts- und Ideologiekritik: Kritik einer Lebensform, die, wie Fredric Jameson es zusammengefasst hat, durch ›einen Zweig der miteinander verquickten Monopole des Spätkapitalismus‹ dominiert wird, der »Geld aus dem schlägt, was für gewöhnlich Kultur genannt wurde« (Jameson 1992: 182).

Adorno betonte später immer wieder, wie obsolet bildungsbürgerlicher Kulturhochmut ist. Er wollte seinem Publikum kulturelle Vorlieben ›madig machen‹, die er für rückständig hielt: »die sogenannte Barockmusik«, den Neoklassizismus oder den Jazz. (»Ich finde ihn nur langweilig, nur tongewordenes Coca-Cola« [N Abt. V, 1: 83]. Im Gegensatz zu Horkheimer, der nach seinen Vorlesungen in Frankfurt gern ›ein Cola‹ trank, schätzte Adorno dieses populäre Getränk ganz und gar nicht.) Wer sich mit der Materie auskennt, wird solche Urteile problematisch finden; trotzdem wirken sie im heutigen Klima, wo man immerzu Angst hat, jemandem auf die Zehen zu treten, erfrischend. Gleichwohl tun sich viele Medienwissenschaftler:innen heute schwer mit Adorno.

Adorno führte den Begriff »Kulturindustrie« als terminologischen Nachfolger für den Begriff »Massenkultur« in die kritische Theorie ein, weil er damit auf etwas aufmerksam machen wollte, was er für eine sozial- und kommunikationswissenschaftliche Illusion hielt, nämlich, dass die arbeitenden Massen in einer fremdbestimmten Gesellschaft autonom an Produktion und Rezeption von Kunst und Design für den Alltagsgebrauch teilhaben würden. Vor diesem Hintergrund verteidigte er die vor-kulturindustrielle populäre Kultur. Volkskultur war häufig subversiv. Sie unterstützte arbeitende Menschen, die von Bildung abgeschnitten waren, und demonstrierte das Lügenhafte bzw. Ideologische einer Kultur, die auf Herrschaft und auf der Teilung von körperlicher und geistiger Arbeit beruht. Authentische populäre Kultur parodierte die Hochkultur, gab sie der

Lächerlichkeit preis. Dabei machte sie sichtbar, was die Kunst der Hochkultur verleugnet oder, oft bis zur Unkenntlichkeit, sublimiert: die Lust und das Vergnügen. Kulturindustrie habe dieses subversive Moment nicht mehr, argumentierte Adorno. Sie vermarkte die Konkursmasse der bürgerlichen Hochkultur und Elemente aus der authentischen populären Kultur. Volkstümliches Amüsement habe vor der Ära der Kulturindustrie immerhin noch hier und da »glücklichen Unsinn« präsentiert. Den Zwangskonsumenten würde nun »das Surrogat eines zusammenhängenden Sinns« eingebläut: »Es klirrt nicht die Schellenkappe des Narren, sondern der Schlüsselbund der kapitalistischen Vernunft.« (165)

Die Zwei-Reiche-Lehre der populären Kultur

Eine Lesart des Kulturindustrie-Konzepts, die unter Freund:innen der kritischen Theorie heute verbreitet ist, versteht unter »Kulturindustrie« lediglich die massenmediale Produktion seichter Unterhaltung. Daneben gibt es dieser Lesart zufolge auch mediale Sektoren, die nicht zur Kulturindustrie gehören, weil sie (zumindest teilweise) über affirmatives Mainstream-Entertainment hinausweisen: Sie enthalten subversive Potentiale, die – in Gestalt von Kunst – Erkenntnisse vermitteln und sich – als subkulturelle Praxis – in widerständigen Lebensformen manifestieren. Freie Atonalität und Zwölftonkomposition, Aleatorik und andere Formen experimenteller Musik sind autonome oder sozial engagierte Formen kompromissloser Kunst; Tanz- und Filmmusik oder volkstümliche Schlager hingegen sind Gestalten der kulturindustriellen Gehirnwäsche. Beim Jazz ist man sich da meist nicht so sicher: Die Einen halten es mit Adorno, der ihn als Musiktypus der konformistischen Scheinrevolte gebrandmarkt hat; die Anderen meinen, dass eben auch bei diesem großen Ästhetiker nicht jeder Schuss ein Treffer war.

Gern wird darüber hinaus auch innerhalb der Popkultur fein unterschieden: Beyoncé, Shakira, Britney Spears oder Whitney Houston agieren demnach in der Sphäre der Kulturindustrie; Björk, Laurie Anderson, Patti Smith oder Janis Joplin stehen für authentische, emanzipatorische Musik. Über Madonna lässt sich dann streiten: Hat sich das »Material Girl« dem Konsumismus verschrieben oder ihn parodierend zur Kenntlichkeit entstellt? Ein anderes Beispiel: Die frühen Rolling Stones haben die Musik unterdrückter Afroamerikaner in den USA in die musikalische Sprache bürgerlich-rebellischer Jugendlicher transformiert; zunächst in den westlichen Metropolen, dann in der Provinz und bald darauf in der ganzen Welt. Bis 1968 seien sie nicht der Kulturindustrie zuzurechnen. Jean-Luc Godard hat in einer dokumentarischen Hommage (*One Plus One*) Szenen aus dem Aufnahmestudio bei der Einspielung von »Sympathy For The Devil« übergangslos mit Szenen zusammengeschnitten, in denen Kämpfer:innen der Black-Panther-Bewegung sprechen. Doch schon bald darauf wurden die Stones in den Betrieb der Kulturindustrie integriert. Es war aus dieser Sicht der Punk, der dann als Gegenbewegung in den 1980ern wieder an die frühen Impulse anknüpfte.

Auch das von Programmdirektor:innen mit Bedacht eingesetzte *cross over* zwischen »Hochkultur« und »populärer Kultur« gilt als Indiz für Subtilität. In der Tat mag es schwerfallen, als Besucher:in einer Inszenierung von René Pollesch am Deutschen Theater in Berlin auszublenden, dass der Hauptdarsteller Martin Wuttke regelmäßig in einer Fernsehkrimi-Reihe des öffentlich-rechtlichen Fernsehens auftritt. Die Zwei-Reiche-Lehre ist aber nicht das Bild, das der Theorie der Kulturindustrie zugrunde liegt. Adorno nahm vielmehr an, dass seit Mitte des 20. Jahrhunderts schlechthin alle Elemente der Kultur auf ihre Warenform reduziert werden. Kultur schlechthin sei von der »Kulturindustrie« erfasst worden. Um von Musik zu reden: Es ging in Adornos Kritik nicht nur um populärkulturelle »Konsumentenmusik«, also nicht nur um »die Musikwaren, die im allgemeinen auf uns losgelassen werden«, sondern auch um die musealisierte »traditionelle Musik, mit ihren großen Namen« (N Abt. V, 1: 84). Diese spiele »im öffentlichen Bewußtsein« primär »eine ideologische Rolle«, sie werde zu einem bildungsbürgerlichen »Zimmerschmuck«; doch ihre Substanz sei »unendlich weit entfernt [...] von dem, was eigentlich mit uns selber vorgeht« (85). Mit anderen Worten: Es komme kaum noch zu reflektierter ästhetischer Erfahrung; gehört werde meist nicht sinnerfassend, also nicht so, dass Konflikte und Vermittlungen auf eine Weise nachvollzogen werden, die es erlaubt, die »Einheit gerade in den Extremen zu fühlen« (100). Wenn es nach Adorno geht, sollte man »spontan mitvollziehend, lebend hören, den Zusammenhang erfahren« (108). Es gilt demnach, die »Funktion jedes Einzelereignisses unmittelbar wahrzunehmen« und gleichzeitig die Form des Ganzen, also syntaktische Logik des tönenden Geschehens, »sozusagen mitzudenken« (109), das heißt: die Form als semantischen Zusammenhang erfassen. Je weiter sich die musikalischen Sprachen vom überlieferten Bezugssystem der europäischen Tonalität emanzipierten, desto schwieriger; aber es sei nach wie vor möglich, wenn man sich auf die Idiome der neuen Musik einlasse. Doch anstatt dass Musik »lebendig vom Hörer vollzogen« (101) wird, werde meistens bloß genussorientiert gehört. Solches Hören nannte Adorno, wenn es dabei bleibt, »kulinarisch« und »infantil« (97f.). Heute sind große Teile des ästhetisierten Alltagslebens, die über den »Like«-Button vermittelt sind, in diesem Sinne infantilisiert.

»Musik, die ja eine unbegriffliche Kunst ist« (N Abt. V, 1: 304) ist aber Adorno zufolge, wie Kunst überhaupt, mehr als nur »Genußmittel« (84) und Freizeitunterhaltung. Von Belang sei Kunst nur dann, wenn sie »etwas ausspricht und formt, was in uns selber ist, was die Widersprüche gestaltet, die in uns selber und in der Welt liegen, etwas, aus dem wir die Wahrheit über uns selbst erfahren können« (ebd.). Dass Musik als eskapistisches Angebot fungiert und zudem »anheizt oder anwärmt«, sei die ideologische, also herrschaftsstabilisierende Funktion des Musikbetriebs: Sie »trägt dazu bei, insgesamt ein falsches Bewußtsein zu erzeugen« (477).

Heute sind Atonalität, Zwölftonkomposition, Jazz, Rock und Pop sowie alle anderen Gestalten autonomer und zweckgebundener Musik kaum anders zugänglich denn als Waren. Nicht nur das; sie sind kaum anders erlebbar. Ihr Tauschwert ist nicht nur ihre dingliche Existenzberechtigung, er prägt die Wahrnehmung ihrer Formen und Inhalte. Das gilt auch für die Medien des Wortes und Bildes. Nicht nur für die unter dem Label *Fernsehkrimis* populären Dauerwerbesendungen für staatliche Repressionsorgane, Automobilindustrie und Telekommunikationsbranche, sondern selbst noch für Avantgarde-Filme. Auch Godards *One Plus One* von 1968 bewegt sich innerhalb der Kulturindustrie, denn die kennt kein ›Außen‹ mehr. Was nicht irgendwie verwertbar ist – sei es als unmittelbarer Werbeträger, sei es als Medieninhalt zwischen den Reklameblöcken oder als prestigeträchtige, innovative Film- und Theaterszene eines Landes, das sich als (Wirtschafts-)›Standort‹ hervortun will –, das ist heute zum Untergang verurteilt. Die ökonomische Existenzkrise, in die der selbständige Kulturschaffende im Jahre 2020 von der Covid-19-Pandemie gestürzt wurde, ist eine bedauerliche Folge der Ökonomisierung des Kulturbetriebs.

Kulturindustrie ≠ Kitsch

Das Label »Kulturindustrie« steht bei Adorno nicht für mechanisch hergestellten Kitsch, der authentische Kultur kontaminiert. Anders als sein Zeitgenosse, der US-amerikanische Kunsttheoretiker Clement Greenberg, hat Adorno die Massenkultur seiner Zeit nicht als »Kitsch« bezeichnet, welcher der »Avantgarde« dichotomisch gegenübersteht. Der Trotzkist Greenberg monierte, dass die »Ersatzkultur« in den USA der 1940er Jahre »für diejenigen bestimmt« sei, »die unempfänglich für die Werte der echten Kultur sind, aber dennoch nach der Zerstreuung hungern, welche nur Kultur, gleich welcher Art, verschaffen kann« (Greenberg 1939: 206). Dieser Kulturersatz würde »mechanisch hergestellt« und von einem »gewaltige[n] Verkaufsapparat« vermarktet, »dessen Druck jedes Mitglied der Gesellschaft zu spüren bekommt« (207). Für Greenberg war Kitsch die aktuelle Gestalt der Massenkultur, das Kultursurrogat der industriekapitalistischen Moderne, der nicht nur die Avantgarde unterminiere, sondern auch die populäre Kultur zerstöre. Adorno dagegen betonte die Differenz zwischen Kitsch und Kulturindustrie. Deren Verkaufs- und Produktionsapparat ziehe nicht nur die sogenannte Hochkultur in einen gleichmachenden Strudel; dasselbe würde auch dem komplementären Bereich widerfahren, also der populären Kultur (und damit eben auch dem Kitsch). Tradition, Avantgarde und Kitsch würden gemeinsam untergehen und durch eine schlechthin warenförmige Kultur ersetzt, die aber nur der Produktionsform nach neu sei.

Im frühen und im Hochkapitalismus stand der Tauschwert bei der Produktion und Distribution von Kulturwaren im Zentrum. Bei ihrer Konsumtion – also in der Rezeption des Kunstwerks oder der Aufführung etc. – kam er, wenn überhaupt, nur als Randphänomen in Betracht. Dort ging es um den Gebrauchswert der kulturellen Ware, also um die Erfahrung beim Betrachten und Deuten von Formen, Inhalten und Ausdrucksgestalten. Im kulturindustriellen Kapitalismus stehe der Tauschwert bei der Konsumtion des Produkts im Zentrum. Nicht die Darbietung oder das Werk selbst werde genossen, sondern ihr Tauschwert. Der bestehe im »sekundären Genuss von Prestige, Mit-dabei-Sein« (GS 7: 32f.); also darin, dass man sich das Ticket für ein Großereignis, für einen Film, oder ein Konzert, das man besucht haben muss, leisten kann. Der ›sekundäre Genuss‹ bestehe auch darin, dass man sich die Bücher kaufen kann, die man lesen sollte, um mitreden zu können.

Selbstverständlich gelang auch in den Phasen davor nicht jede Rezeption eines Kunstwerks. Adorno war vermutlich der Ansicht, dass sie oft fehlschlug. Aber es ging um die gelingende Rezeption (den reflektierenden Mitvollzug) von Werken und Darbietungen. Der Gebrauchswert war Substanz und der Tauschwert lediglich Akzidenz. Kulturindustrie zerstöre das Wahrheitsmoment der »Trennung der Kultur vom materiellen Arbeitsprozeß« (GS 8: 130), weil sie Kultur unter die Warenform fremdbestimmter Arbeit subsumiert. Seit Mitte des 20. Jahrhunderts schwinde die »relative Autonomie« der Kultur, resümiert der Philosoph Konstantinos Rantis:

> »sie wird von der ökonomischen Basis schrittweise aufgesogen und wandelt sich ihrerseits zur Industrie, in der Technologie und Kultur miteinander verschmelzen – ein Prozess, der heute als abgeschlossen gilt.«
> (Rantis 2018: 91)

Kultur und Culture

Zwischen 1956 und 1966 ging Adorno landauf, landab in sage und schreibe neunzehn Vorträgen der rhetorischen Frage nach: »Sind amerikanische und deutsche Kultur vergleichbar?« (N Abt. V, 1: 638). Seine These: In einer entwickelten bürgerlichen Tauschgesellschaft verschwinden zwar Momente der kulturellen Tradition und der Avantgarde, die Impulse für die Kritik jener Gesellschaft geben können. Dafür entsteht aber eine demokratische Alltagskultur, in der materielle Fülle herrscht und reale

Humanität verwirklicht wird wie nirgendwo sonst. Unter dem Titel »Kultur und Culture« ist Adornos Vortrag 2019 erstmals als editorisch geprüfter Text publiziert worden.

Adorno argumentiert hier, dass die Vorstellung von Kultur in den USA – wo »die bürgerliche Revolution nicht nur mit Erfolg durchgedrungen ist, sondern [...] die Voraussetzung überhaupt der gesamten amerikanischen Gesellschaft bildet« (N Abt. V, 1: 158) – an Naturbeherrschung und praktischen, gesellschaftlichen Handlungszwecken der Menschen orientiert ist. Die Kulturauffassung der europäischen und insbesondere der deutschsprachigen Tradition dagegen – die vom Misslingen der bürgerlichen Revolution gekennzeichnet ist – fokussiert Verinnerlichung und Ästhetisierung. Demnach ist das System der Kulturindustrie dort vollkommen verwirklicht, wo Kultur in erster Linie »Gestaltung der äußeren Dinge, der Beziehungen zwischen den Menschen« (159) ist und daher an ihrem Nutzen für die Menschen gemessen wird. Und, so argumentiert Adorno weiter, »auch wenn man weiß, daß in Amerika genau wie sonstwo in der Welt und in einer noch viel durchorganisierteren und rücksichtsloseren Weise für den Profit produziert wird und nicht für die Menschen, ist es doch so, daß durch die ungeheure Steigerung der technischen Apparatur, [...] die Gebrauchsgütermenge, die den Menschen zur Verfügung steht, soviel größer ist, daß trotz des Profitmotivs für die einzelnen Menschen immer noch sehr viel mehr dabei abfällt« (164).

An dieser Stelle wird deutlicher als in Adornos publizierten Schriften, worum es bei seiner Kritik der Kulturindustrie geht. Der Untertitel des Kulturindustrie-Kapitels in der *Dialektik der Aufklärung*, »Aufklärung als Massenbetrug«, betonte, dass die quasi monopolistisch produzierte Massenkultur eine Maßnahme zur Abwehr von Gefahren für die Eigentumsverhältnisse im entfalteten Stadium der kapitalistischen Produktionsweise ist. Die Entertainment-Industrie, welche die liberale Kultur usurpiere, ist demnach eine jener »modernen Methoden der

Massenbeherrschung«, die Friedrich Pollock (1933: 352) als Mittel zur Therapie ökonomischer und sozialer Krisen im nachliberalen Stadium des Kapitalismus beschrieben hatte. Die Stoßrichtung der Kritik ist bei Adorno also nicht, dass die Erfüllung materieller Bedürfnisse das Interesse an Kunst und Kultur lähmen würde. Das ist der von Adorno kritisierten Tenor von Aldous Huxleys kulturkonservativer Dsytopie *Brave New World*. Nein, Adorno wollte darauf hinaus, dass die standardisierte kapitalistische Unterhaltungsindustrie die Funktion hat, die *ganze* Emanzipation zu verhindern.

»Ich wiederhole, auch drüben ist nichts umsonst. Aber das kann man wohl sagen, daß das bürgerliche Prinzip, das mit dem Prinzip der Humanität ja nun doch einmal sehr eng zusammenhängt, drüben radikal bis zu Ende nicht nur gedacht, sondern auch getrieben ist. Es ist eine reine Tauschgesellschaft. Nun, das heißt [...], daß alles um des Profits willen geschieht [...], es heißt aber auch zugleich, [...] daß alle für alle da sind und daß kein Mensch sich eigentlich so in sich selbst und in der Beschränktheit seines je eigenen Interesses verhärtet, wie es in unserem alten Europa doch nun einmal der Fall ist.«   (N Abt. V, 1: 164)

Diese Immanenz des Kulturellen sei alles andere als gering zu schätzen. Zugleich sei aber auch nicht zu übersehen, »daß jede Art der Transzendenz der Kultur gegenüber Realität des gesellschaftlichen Zusammenlebens vergessen wird« (159). Damit gehe »die kritische Funktion der Kultur« (ebd.) verloren, die eben nicht zu haben ist ohne das »Hinausweisen eines jeglichen Geistigen über das, was bloß ist« (159f.).

Wer diesen Vortrag heute liest, mag sich fragen: Wie kam es zu dem Bild vom elitären Bildungs- und Kulturbürger Adorno, der für die kommerzielle Massenkultur in den USA nichts als Verachtung übriggehabt habe? Sicher, dafür finden sich Anhaltspunkte in Adornos publizierten Schriften, wenn die Kulturindustrie immer wieder aufs Schärfste kritisiert wird. Aber die Kritik wird in einem Zusammenhang entfaltet, der häufig nicht wahrgenommen worden ist. Wie gesagt: Adornos Kritik der Kulturindustrie ist keine Kulturkritik, schon gar keine konservative, sondern Gesellschaftskritik.

Der Vortrag über »Kultur und Culture« enthält frappante Parallelen zum Ansatz der angelsächsischen Cultural Studies. Diese formierten sich im Großbritannien der 1960er Jahre, allerdings ohne von Adorno bemerkt zu werden. Ihr Ansatz war es, zu untersuchen, wie junge Leser:innen der britischen Arbeiterklasse Unterhaltungstexte rezipierten, die von der Leitkultur verächtlich gemacht werden, und wie sie dabei eigensinnige populäre Lesarten entwickelten. Adorno betrieb kaum Rezeptionsforschung, er konzentrierte sich auf Inhalts- und Formanalysen. In seinen beiden publizierten Grundtexten zum Thema (dem »Kulturindustrie«-Kapitel der Dialektik der Aufklärung von 1947 und dem Radiovortrag »Résumé über Kulturindustrie« aus dem Jahre 1963 betonte er den gegenläufigen Aspekt: die Hemmung spontaner Lesarten durch die Dominanz des alternativlosen Sinn-Angebots. Das ist bis heute die methodologische und inhaltliche Differenz zwischen kritischer Theorie und der Cultural Studies-Schule, die sich rasch auch in den USA durchsetzte und in den nachgewiesenen eigensinnigen Lektüren und in der Rezeption der erblühenden Popkultur subversives Potential erkannte.

In den letzten Lebensjahren hat Adorno seine Kritik der Kulturindustrie aber auch selbstkritisch betrachtet. 1968 sagte er während einer Vorlesung in Frankfurt, er sei immer »bis zu einem gewissen Grad davon ausgegangen [...], daß die gegenwärtige Kulturindustrie [...] tatsächlich die Menschen so macht, so prägt oder zu mindestens so erhält, wie sie nun einmal sind« (N Abt. IV, 15: 255). Und er fuhr fort: »Es steckt darin aber wirklich etwas Dogmatisches und etwas Unüberprüftes« (ebd.).

Eine aktualisierte kritische Theorie der Massenkultur müsste empirisch genau untersuchen, »wie weit denn nun wirklich die Menschen so sind und so denken, wie sie von den Mechanismen gemacht werden« (ebd.), d.h. von den Mechanismen, die von der Kulturindustrie am Laufen gehalten werden. Zur Kulturindustrie im engeren Sinne müsse »man alle Mächte der gesellschaftlichen Integration hinzurechnen« (255). Adorno konzedierte, er habe im Laufe der Studentenrevolte »lernen dürfen«, daß man die »Identität von objektiven Stimuli und objektiven Bewußtseinsstrukturen, die den Menschen auch geprägt haben, und den Verhaltensweisen der Menschen selbst nicht ohne weiteres unterstellen kann« (ebd.). Adorno selbst fand es also problematisch, ein für alle Mal zu behaupten, dass der Geist der Kulturindustrie den Menschen eingeflößt wird. Wenn man nicht dogmatisch werden wolle, müsse man immer wieder überprüfen, inwieweit das wirklich der Fall ist. Bis heute ist das ein Desiderat geblieben.

Kulturindustrie heute

Heute gibt es eine universalistische und eine partikularistische Lesart der Kulturindustrie-Kritik. Die erste geht aufs Ganze; ihr zufolge gibt es kein ›Außerhalb‹ mehr. Das heißt: Bei der Produktion von Kunst und Kulturwaren läuft ihr Tauschwert nicht mehr lediglich akzidentell mit, während die Hauptsache – werkästhetisch betrachtet – die ästhetische Erfahrung in Produktion und Rezeption ist. Oder, praxisästhetisch betrachtet: Die *raison d'être* der Kreativität ist nicht das Erlebnis selbst, auch nicht der autonome, spontane Mitvollzug per se oder die eigensinnige Umkodierung des Angebotenen. Nein: In dieser Lesart sind Produktion, Werkrezeption, Erlebnis oder Lesartenpluralität von vornherein immer schon auf die Zirkulationsanforderungen der Kulturwaren ausgerichtet. Die »Auflösung von Kultur in der

Kreativwirtschaft« (Seeßlen 2020: 46) ist demnach abgeschlossen. Hinzu kommt die ökonomische Transformation des expandierenden Bildungssektors. Auch für die Bildungsindustrie gilt heute, was Adorno für den kulturellen Sektor konstatierte: Bildungsprozesse und -inhalte sind in der bürgerlichen Früh- und Blütezeit *auch* warenförmig gewesen; heute sind sie es durch und durch.

In der partikularistischen Lesart der Kulturindustrie-Kritik wird betont, dass nicht alle Produktionen, die im Kontext kulturindustrieller Vermarktung verbreitet werden, substantiell deren Logik unterworfen werden. In der Tat wäre es Unsinn zu behaupten, dass z.B. Kompositionen von Luigi Nono, Installationen von Hans Haacke oder literarische Arbeiten wie die *Ästhetik des Widerstands* von Peter Weiss der Logik der Kulturindustrie unterworfen wären, nur weil sie nicht anders als durch deren Vermittlungskanäle hindurch rezipiert werden können oder sich in der einen oder anderen Weise auf diese Kanäle und die Eigentumsverhältnisse beziehen, die ihnen zugrunde liegen. Auch der professionelle, durch akademische Ausbildung gestützte und öffentlich oder durch Stiftungen der Privatwirtschaft subventionierte Musik- und Theaterbetrieb der Gegenwart ist noch nicht durch und durch kulturindustrialisiert, obwohl beispielsweise die populäre Zurichtung des traditionellen Opernrepertoires die Richtung vorzugeben scheint, in die sich der gesamte Bereich bewegt.

Zudem ist nicht zu leugnen, dass sich in der mikroelektronisch pluralisierten Laienkultur Erfahrungen manifestieren können, die per se noch ökonomisch unreglementiert sind. Zwar sind alle Menschen in einen herrschaftlich organisierten, ökonomisch ausgerichteten Apparat auf technisch-wissenschaftlicher Grundlage eingespannt, in dem fremdbestimmte Arbeit, Konkurrenzkampf, Ausruhen, Vergnügen und Selbstverwirklichung denselben Mustern folgen. Auf dem weiten Feld des freien Austauschs selbstproduzierter Bilder, Videos, Texte und Tondateien dominiert die mimetische Reproduktion visueller, klingender und getexteter Code-Schablonen. Doch zugleich findet, nach der zweiten Lesart, indessen auch freie Aneignung und Umkodierung statt. Dass dem so sein kann, ist nicht von der Hand zu weisen. Die universale Verbreitung und Verinnerlichung der mikroelektronischen Symbolisierungs- und Visualisierungsformen wäre mitnichten so erfolgreich, böte sie den Nutzer:innen nicht auch qualitativ Relevantes.

»Ist der Begriff der Kulturindustrie heute noch anwendbar?«, kann man nun mit Konstantinos Rantis (2018: 97) fragen. Vieles spricht dafür, dass dem so ist, weil der Begriff, mit entsprechenden Modifikationen, eine Entwicklung beschreibt, die sich, in Europa jedenfalls, erst in der Gegenwart zu einem Zustand hin entwickelt hat, der sich mit dem Begriff »Kulturindustrie« besser beschreiben lässt als mit vielen anderen Konzepten, die auf diesem Gebiet häufig Anwendung finden (z.B. *creative industries*, Kreativwirtschaft, Kulturmanagement ...). »Kulturindustrie«, hat Heinz Steinert betont, der seinerzeit in Frankfurt als Professor für Soziologie lehrte, »bedeutet intellektuelle Produktion unter den Imperativen von Warenförmigkeit«: »Architektur und Design, Wissenschaft und Technik, Städte- und Verkehrsplanung, Politik, Verwaltungsorganisation, Management-Doktrinen, zuletzt auch Kunst und Unterhaltung« (Steinert 2003).

In all diesen Bereichen sind in der Gegenwart Schlüsselfaktoren der Inwertsetzung von Arbeit, Kommunikation und Naturressourcen beheimatet. Wir sind derzeit Zeug:innen und Akteur:innen im »Prozess einer weltweit greifenden gesellschaftlichen Transformation«, der verbunden ist »mit neuen Informations- und Kommunikationstechnologien sowie mit Raum- und Zeitkompressionen durch sinkende Transportkosten« (Rantis 2018: 97).

»Der Globalisierungsprozess trifft nicht nur den Bereich der Ökonomie mit verheerenden Folgen wie Vergrößerung der weltweiten Ungleichheit, Zuspitzung der Verschuldungskrise im Süden und Überakkumulation des Kapitals im Norden, sondern er ergreift im gleichen Maß die Politik, die Technologie und die Kultur.« (Ebd.)

Daher spricht auch einiges dafür, Adornos Analyse der Kulturindustrie als Antizipation eines Zustands zu lesen, der erst Jahrzehnte später eingetreten ist. Der Kulturwissenschaftler Georg Seeßlen bezeichnet »die Abschaffung der [...] Kultur zugunsten von Kreativwirtschaft und Unterhaltungsmafia« in diesem Sinne als das »große Projekt des Neoliberalismus« (Seeßlen 2020: 47).

Dabei greifen heute zwei Momente ineinander: die Entwicklung der technologischen Produktivkräfte und die Veränderung der Produktionsverhältnisse in Richtung der Ökonomisierung der Kultur. Entwurf, Herstellung und Distribution von Waren sowie die Logistik der Produktionszweige bilden einen informations- und wissensbasierten Apparat, der die Produktionsformate beständig rationalisiert. Dabei wird menschliche Arbeitskraft zunehmend durch Maschinen ersetzt, und die ideologische Legitimation der Produktions- und Herrschaftsverhältnisse erscheint immer objektiver und stringenter. Mit der wachsenden Verbreitung digitaler Endgeräte und dem tendenziell massenhaften Zugang zu medialen Produktionsmitteln ging die Kulturalisierung immer größerer Teile des sozialen Zusammenlebens einher.

War die kreative Nutzung der Kommunikations- und Produktionsmöglichkeiten, die Computer und Internet bieten, bis zum Beginn des 21. Jahrhunderts die Domäne von technologischen und kulturellen Avantgarden, so ist sie mittlerweile zu einem Basiserfordernis im Konkurrenzkampf geworden, der sich um das Überleben oder um das lebenswerte Leben dreht.

Menschen, die nicht mitmachen – sei es, weil sie sich weigern oder weil sie die (verbalen und visuellen) Sprachen der Selbstpräsentation nicht beherrschen –, bleiben außen vor. Sie werden aussortiert und ausgegrenzt.

Die kulturelle Digitalisierung in ihrer affektiven und visuellen Erscheinungsvielfalt hat eine ökonomische, soziale und politisch-herrschaftliche Grundlage. Es ist die weltweite Restrukturierung der Wertschöpfung qua Ausbeutung lebendiger Arbeit durch Digitalisierung von Produktion und Konsumtion. Die universale Verbreitung mikroelektronischer Produktions- und Kommunikationsmittel in Gestalt digitaler Endgeräte, die alle, die sie verwenden, als potentielle Gestalterinnen und Gestalter erscheinen lassen, schafft einen Zustand gesellschaftlicher Heteronomie, indem sie Kommunikation durch und durch in Warenform bringt. Phantasie ist zwar immer seltener produktive Einbildungskraft (im Sinne von Kant); sie ist immer seltener der Raum für Entwürfe konkreter gesellschaftlicher und politischer Utopien eines friedlichen Zusammenlebens. Digital gestaltete Phantasie ist in der Tat meist nur noch reproduktive Einbildungskraft, die sich auf das Ausmalen technischer Utopien konzentriert. Aber es wäre abwegig, die gegenläufigen Tendenzen zu leugnen, die zum Teil allererst durch die Digitalisierung des Phantasmagorischen möglich werden.

So oder so: Digitalisierte Verfahren der Speicherung, vor allem aber auch algorithmisierte Verfahren der Produktion und Kommunikation kultureller Inhalte, verändern den Sektor der Kulturindustrie. Ob es sich um akzidentelle Veränderungen handelt oder womöglich um substanzielle, lasse ich dahingestellt sein. Heute kann man Adornos Beobachtung zustimmen, die zu ihrer Zeit einen nur partikular zutreffenden Befund gleichsam hochrechnete und erst heute universal gilt: »Die ganze Welt wird durch das Filter der Kulturindustrie geleitet« (GS 3: 147). Adorno bezog das auf den Siegeszug des Kino-Tonfilms, der seinerzeit noch gar nicht aus den industriellen Zen-

tren der Welt in alle Ecken und Winkel der Peripherie hinein verbreitet worden war. Seine Beobachtung kommt in unserer Epoche gleichwohl ganz zu sich selbst. Heute erfolgt die ›Verdoppelung der empirischen Welt‹ durch die ›dichten und lückenlosen Techniken‹ (ebd.) der mikroelektronisch-digitalisierten Kulturindustrie. Erst sie, könnte man argumentieren, ermöglicht, in einem umfassenden Sinne, die gelebte Phantasmagorie, dass »die Welt draußen« nichts anderes als die »bruchlose Verlängerung derer sei« (ebd.), die im medialen Innenraum hergestellt wird.

Die digital gestützte Produktion kultureller Inhalte und Praktiken hebt die Trennung in Produzenten und Konsumenten warenförmiger Kulturgüter tendenziell auf. Die Rede von einer Kultur gleichberechtigter ›Prosumenten‹ ist aus Sicht der kritischen Theorie aber in Frage zu stellen. Denn die ästhetisch-kulturelle Differenz von Formen und Inhalten zur sozio-ökonomischen Realität verschwindet, die auch zu kulturindustriellen Konditionen noch mehr oder weniger unreglementierte Erfahrungen zuließ (oder sogar erzwang). Ob und wie die neuen Formensprachen im Zuge der Digitalisierung kultureller Praktiken und Produkte jene Differenz erhalten bzw. aufheben, bleibt zu untersuchen. Wie auch immer: Kommunikation wird heute komplett kommodifiziert. Das bedeutet nicht nur, dass von der Werbeindustrie als Geiseln genommen wird, wer die neuen Medien benutzt. Es bedeutet, dass die Kommunikationen selbst Material werden, das über Plattformen der *social media* in Warenform gebracht wird.

Jazz und die Aporien der Avantgarde

Jahre, bevor Ina Hartwig 2016 ihr Amt als Dezernentin für Kultur und Wissenschaft der Stadt Frankfurt am Main antrat, durfte sie sich etwas wünschen. Bis 1999 war sie Literaturredakteurin im Feuilleton der *Frankfurter Rundschau*. Die war Ende des 20. Jahrhunderts noch eine der drei wichtigsten überregionalen Tageszeitungen der Republik. Für die letzte Ausgabe des Jahres 1999 wurden die Mitarbeiter:innen am Eschenheimer Tor eingeladen, in kurzen Artikeln zu skizzieren, womit sie im neuen Jahrtausend nicht mehr belästigt werden wollen. An alle Herzenswünsche, die meine ehemalige Mitschülerin für die 2000er Jahre notierte, kann ich mich nicht mehr erinnern. Aber zwei sind mir im Gedächtnis geblieben: ›Nie wieder Wrangler-Jeans‹ und ›Nie wieder Teddies Jazz-Aufsatz‹. Eine Internet-Recherche belegt, dass die Beinkleider jener Marke heute nach wie vor gefragt sind. Und Adornos Jazzkritik, die von Vielen totgesagt worden war? Überraschenderweise ist sie auch wieder im Rennen. Junge Musiksoziolog:innen haben entdeckt, dass Adorno vor rund 80 Jahren Phänomene thematisierte, deren Kritik in der Jazzszene selbst erst jetzt begonnen hat – etwa die Genderproblematik und das ungeklärte Verhältnis zum Rassismus. Damit verschiebt sich die fachliche Aufmerksamkeit allmählich von

© Springer-Verlag GmbH Deutschland, ein Teil von Springer Nature 2021
G. Schweppenhäuser, *Adorno und die Folgen*, https://doi.org/10.1007/978-3-476-05822-5_7

der verbreiteten Wahrnehmung, die Adornos vernichtende Pauschalkritik des Jazz fokussiert.

Über Jazz

1933 hatte sich Adorno zu der Aussage verstiegen, das Verbot der Nationalsozialisten, Jazz im Radio zu spielen, würde lediglich besiegeln, dass diese Musik am Ende sei, weil es ihr an Substanz mangele. Er hatte in der *Europäischen Revue* kommentiert: Die »Verordnung, die es dem Rundfunk verwehrt, ›Negerjazz‹ zu übertragen«, würde »vielleicht einen neuen Rechtszustand« herstellen, sie habe »künstlerisch aber nur durchs drastische Verdikt bestätigt, was sachlich längst entschieden ist: das Ende der Jazzmusik selber. Denn gleichgültig, was man unter weißem und unter N[...]jazz verstehen will, hier gibt es nichts zu retten; der Jazz selber befindet sich längst in Auflösung, auf der Flucht in Militärmärsche und allerlei Folklore; mehr noch, er hat sich als pädagogisches Mittel ›rhythmischer Erziehung‹ stabilisiert« (GS 18: 795).

Im Lichte heutiger Debatten fällt an dieser Stelle auf, dass Adorno zwar ein diskriminierendes Wort zitiert, inhaltlich aber sogleich klarstellt, dass er mit der rassistischen Zuschreibung des kritisierten Musikstils nicht zu schaffen haben will, weil sie sachlich unzuständig sei. – Zur Begründung seines Verdikts führt Adorno an, der Jazz gehöre zum »Kunstgewerbe« (796). Dies erkenne man zunächst daran, »daß er, seinen durchsichtigen industriellen Ursprüngen zum Trotz, von der ›Vulgärmusik‹ oberflächlich sich unterschied; daß der Konsum als Kunstgenuß sich maskieren durfte« (ebd.). Innermusikalisch könne man es an der »Technik der Improvisation« erkennen, »die im Zusammenhang mit Synkope und Scheintakt sich ausbildete« (ebd.). Der Ausbruch des Solisten »zwischen den markierten Taktteilen [...] galt als Reich der Freiheit; hier war offenbar die starre Wand zwischen Produktion und Reproduktion gesprengt, die ersehnte Unmittelbarkeit wiederhergestellt, die Entfremdung von Mensch und Musik gemeistert aus vitaler Kraft. Sie war es nicht, und daß sie es nicht war, machte Betrug und Untergang des Jazz aus. Die Versöhnung von Kunstmusik und Gebrauchsmusik, [...] von Strenge und Freiheit [...] ist unwahr in allen Stücken« (797).

Es ging bei Adorno immer ums Ganze, wenn es um Musik ging. Eine ästhetische Rechtfertigung musikalischer Formen, die sich der Logik der Komponist:innen-Musik der Moderne entziehen, war für ihn undenkbar. Lediglich musiksprachlich-technische Anregungen und das aporetische Versprechen anarchischer musikalischer Wildheit ließ er gelten: »Lernen ließ sich am Jazz die Emanzipation der Betonung von der Zählzeit; eine anständige, ob auch sehr begrenzte und spezielle Sache, die die Komponisten längst wußten, die aber vom Jazz aus vielleicht eine gewisse Breite in der reproduktiven Praxis erlangten. Sonst wird davon wenig bleiben, es sei denn die Erinnerung an ein paar Stücke, die den Elan des Beginns hatten« (799).

Solche Überlegungen entfaltete Adorno also anlässlich einer frühen medienpolitischen Zwangsmaßnahme des NS-Diktatur. Bis Horkheimer 1938 energisch intervenierte und ihm die Emigration nach New York ermöglichte (und sozusagen verordnete), hatte Adorno eine Strategie des Überwinterns verfolgt: Er pendelte zwischen Deutschland und England und platzierte, wo es sich machen ließ, Veröffentlichungen in Kulturjournalen. Dabei habe Adorno versucht, »einige Begriffe aus dem offiziellen politischen Vokabular so zu verwenden, dass bei oberflächlicher Lektüre der Eindruck entstehen könnte, er habe sich den Machthabern angepasst«, schreibt der Frankfurter Literaturwissenschaftler Hartmut Scheible (2009).

In der *Zeitschrift für Sozialforschung* publizierte Adorno dann 1936 unter einem Pseudonym einen Aufsatz mit dem lapidaren Titel »Über Jazz«, in dem er seine Einwände ausführte und musiktheoretisch begründete. Jazz sei Unterhaltungsmusik, die den Anforderungen ausweiche, welche die Komponistenmusik der Moderne zu Recht stelle. Die Innovationen im Jazz seien nur technische Kniffe, mit denen die Aufmerksamkeit des Publikums in Bann gehalten werden solle. Der rebellische Gestus sei falscher Schein, in Wirklichkeit würden die Hörer:innen zum Konformismus erzogen. Synkopierungen würden Ausbrüche des musikalischen Subjekts inszenieren, das gleichsam eingeladen werde, aus der Reihe zu tanzen, um doch stets sogleich wieder ins symbolische Kollektiv eingegliedert zu werden. Das Muster sei ein autoritäres Spiel der Angst der Hörenden vor der *ejaculatio praecox* (die synkopierte Note ›komme zu früh‹) und vor der Kastrationsdrohung, die, via Identifikation mit dem Aggressor, in ein masochistisches Vergnügen transformiert werde. Die starre Ordnung des Takts werde niemals wirklich in Frage gestellt; der aus der Marschmusik stammende *Rhythmus, wo jeder mit muss*, sei sakrosankt. Instrumentale Improvisationen im Jazz würden keine wirklichen neuen musikalischen Räume öffnen, sondern standardisierte Ornamente variieren. Einer geschichtsphilosophischen Musikästhetik, die nach dem ›Wahrheitsgehalt‹ ästhetischer Formgestalten fragt, halte diese Musikform daher nicht Stand. Und sie zementiere die Diskriminierung afroamerikanischer Musiker:innen, weil diese nicht wie sozial gleichberechtigte Subjekte behandelt würden, sondern wie Unterhaltungspersonal und Pausenclowns.

Frankfurt war das frühe Zentrum des Jazz in Deutschland. Die Spielarten dieser Musik, die Adorno hier kennengelernt hatte, spiegelten gleichwohl nicht das ganze Spektrum des neuen Idioms. Seine Hörerfahrungen dürften auf den weißen Swing beschränkt gewesen sein, den der Orchesterleiter Paul Whiteman bei seinen Frankfurter Gastspielen oder im Frankfurter Radioprogramm zur Aufführung brachte. Whitemans Name war Programm: Er ließ Tanzmusik von weißen Musikern für ein weißes Publikum spielen, das zu einer Musik tanzte, die

Errungenschaften der afroamerikanischen Musiksprache ausbeutete.

In der Emigration in den USA scheint Adorno seine Kenntnisse nicht erweitert zu haben. Er ignorierte die genuine Entwicklung der Idiome des Jazz. 1953 wiederholte er in der intellektuellen Publikumszeitschrift *Merkur* seine Thesen aus den 1930er Jahren, diesmal unter dem Titel »Zeitlose Mode«.

Einige Motive und Formgestalten des Swing, wie im »St. Louis Blues March« und der »American Patrol« der Glenn Miller Army Air Force Band (oder im »Nato Blues March«, den Wolfgang Schlüter und Rolf Kühn 1962 dem deutschen Publikum bliesen), lassen sich mit Adornos Thesen treffend charakterisieren. Man könnte sie heute an Till Brönners Shopping-Mall-Klängen überprüfen, wie überhaupt an so mancher Fahrstuhlmusik, die die Algorithmen der Streaming-Portale den Jazz-Freund:innen vorschlagen. Wichtige musikalische Entwicklungen im Jazz seit Mitte der 1950er Jahre hatte Adorno jedoch überhört. Jimmy Giuffre beispielsweise empfand stur daherstampfende Rhythmen, ähnlich wie Adorno, als beengend und borniert. 1955 sagte er: »I've come to feel increasingly inhibited and frustrated by the insistent pounding of the rhythm section« (zit. nach Morgan 2005). Daher befreite Giuffre die Rhythmusgruppe seiner Combos zunehmend von reinen Begleitaufgaben.

Dass Adorno die Arbeit solcher Avantgardisten gekannt haben könnte, geht aus seinem Aufsatz von 1953 definitiv nicht hervor. Der wirkt im Hinblick auf gewisse Züge konventioneller Jazz-Idiome treffend; das Pauschalverdikt, auf das er hinausläuft, ist aber ein Ergebnis der Unterordnung zahlreicher Aspekte des Materials und der Formensprache unter einen Oberbegriff, der letztlich unterbestimmt geblieben ist.

Der Aufsatz von 1953 löste enorme negative Resonanz aus. Nicht wenige Intellektuelle sagten sich von Adorno los. Volker Kriegel, lange Zeit der führende deutsche Jazzgitarrist, berichtete, im Prüfungsgespräch zum Abschluss des Soziologiestudiums bei Adorno sei ihm klargeworden, dass Adorno Mitte der 1960er Jahre weder Musik von Charlie Parker noch von John Coltrane gehört zu haben schien (Eichel 1993, 301). Ebenso wenig scheint er die Arbeit von Dizzy Gillespie und Miles Davis, Thelonius Monk und Bud Powell aus den 1940er und 1950er Jahren oder von Sonny Rollins und Charles Mingus aus den 1960ern gekannt zu haben. Selbst Adornos geschätzter Freund Ulrich Sonnemann soll gesagt haben, Adornos Jazz-Kritik sei schlicht »Unsinn« (Türcke 1994: 46).

Für Adorno war Jazz keine Musik im Sinne der Moderne. 1954 führte er in einem Vortrag »Zur Einführung in die neue Musik«, den er während der Hessischen Hochschulwochen für staatswissenschaftliche Fortbildung in Bad Wildungen hielt, aus, dass Jazz »in gewissen Fällen kühne und interessante Praktiken« bereitstelle, um »Abwechslung zu bieten«. Doch »die angeblichen Neuerungen innerhalb des Jazz« seien »längst vorher von der ernsten Musik mit unvergleichlich viel größerer Konsequenz durchgeführt worden«. Und sie bewegten sich »in einem so unbeschreiblich engen Raum, der ganze Jazz ist zu einem solchen Maß von Interessen des Kommerzialismus beherrscht, [...] daß es bereits ein Symptom der allgemeinen künstlerischen Begriffsverwirrung [...] ist, wenn man Stücke, in denen die Dissonanzen in Wirklichkeit bloße Verhüllungen von Konsonanzen [...] sind, die mit der Konstruktion gar nichts zu tun haben, [...] mit ernster Musik verwechselt« (N Abt. V, 1: 83).

Hier wird deutlich, dass Adorno nicht mit zweierlei ästhetischem Maße gemessen hat. Was er unter Jazzmusik verstand, bewertete er mit Kriterien des musikalischen Fortschritts im 20. Jahrhundert. Große virtuose Unterhaltungsmusik des 19. Jahrhunderts (beispielsweise die wunderbaren weltlichen Kompositionen von Franz Liszt) kam dabei nicht besser weg als Musik des 20. Jahrhunderts, die sich den Unterhaltungsbedürfnissen des Publikums nicht verweigerte. Was Adorno allerdings entging, war die Emanzipation der musikalischen Sprache des Jazz von den Aufgaben der Tanz- und Unterhaltungsmusik. Mit dieser ging seine Transformation von kulturindustrieller Massenware zur Produktion von und für Spezialist:innen einher. Ihr hätte sich eine kritische Musiktheorie aber zu widmen gehabt.

Als Charlie Parker das Prinzip entwickelte, seine innovativ verfremdenden Versionen der Melodien geläufiger Songs nicht durch ornamentale Variationen zu erarbeiten, sondern dadurch, dass er deren Harmonien beibehielt und auf ihrer Grundlage improvisierend neue Melodieführungen entwickelte, befreite er die Jazzimprovisation und stellte sie formal ins Zentrum des musikalischen Geschehens. Er emanzipierte den Jazz von seinen Aufgaben als Tanzmusik und etablierte ihn als Virtuosenmusik. Adorno hat beharrlich bestritten, dass Improvisation wirklich innovativ sein könne, doch für die Jazzavantgarde traf das so pauschal eben nicht zu.

Gleichwohl ist das formale Prinzip des Be Bop ein Prinzip der Beherrschung des musikalischen Materials gewesen, das der Entfaltung von dessen nichtidentisch-besonderen Momenten auch im Weg stehen konnte. Die Improvisationen hatten entlang harmonischer Progression und vorgegebener Akkordfolgen durch verschiedene Tonarten zu erfolgen. Das wurde nahezu universal angewandt, um neue Wendungen zu schaffen, war jedoch in ein Set von Regeln eingebettet: Das Thema wurde unisono vor und nach der Improvisation gespielt, die Verwendung von verminderter Quinte und unaufgelösten Septakkorden war obligatorisch usw. Damit blieb die befreiende Errungenschaft auf halbem Wege stehen – jedenfalls gemessen an dem, was Adorno zufolge den Impuls der »gegenwärtigen Situation« ausmachte: »Diese fordert von Kunst [...] den Vorrang des einzelnen, in sich stimmig durchgebildeten Produkts vor jeglicher allgemeinen, abstrakten Anweisung, jeglichem vorgegebenen Formkanon« (GS 10: 404).

Es ist nach wie vor interessant, sich die Jazz-Kontroverse zwischen Adorno und Joachim-Ernst Berendt aus den 1950er Jahren anzusehen. Berendt hatte damals noch nicht die Position eines ›Jazz-Papsts‹ inne, die ihm das Feuilleton später zuschrieb, galt aber als wichtiger deutschsprachiger Jazz-Journalist. Adorno war in Fachkreisen durch die musiksoziologische Debatte um das Verhältnis der deutschen Jugendmusik-Bewegung zum Nationalsozialismus bekannt. Er hatte diese Debatte in den 1950er Jahren eröffnet und führte sie, zum Unmut vieler Musikpädagogen, als Frontalangriff auf neovitalistischen Irrationalismus und regressive Gemeinschaftsideologie der *Musikanten* (Vogt 2019).

So Recht Berendt in vielen Punkten hatte, wenn er für ein differenziertes Jazz-Bild eintrat: Nicht immer machte er eine glückliche Figur. Um die musikalische Ebenbürtigkeit des Jazz mit zeitgenössischer Komponistenmusik zu belegen, die Adorno ihm absprach, verwies Berendt darauf, dass im Jazz dieselben Errungenschaften Geltung hätten wie ausgerechnet bei jenen beiden Komponisten des 20. Jahrhunderts, deren Produktion Adorno entschieden ablehnte, was Berendt offenbar entgangen war.

> »Beginnen wir mit der harmonischen Struktur. Sie entspricht in den modernen Jazz-Stilen derjenigen der symphonischen Musik eines Strawinsky und Hindemith. Die akkordischen Beziehungen in diesen Jazz-Stilen werden nach denselben Gesetzen erklärt, die Hindemith in seiner ›Unterweisung im Tonsatz‹ aufgestellt hat. Hier wie dort spielen die gleichzeitig normale und verminderte Terz – in der symphonischen Musik als ›neutrale Terz‹, im Jazz als *blue notes* – und die verminderte Quinte – bei Hindemith als Tritonus, im Jazz als *›flatted fifth‹* – die gleiche wesentliche Rolle.« (Berendt 1953: 888)

Adorno hatte seine Kritiken an Hindemith seit Beginn der 1920er Jahre veröffentlicht (GS 17: 210ff.). Einwände gegen Momente, in denen sich das musikalische Geschehen bei Strawinsky »kärglich in den Resten des Sinnes hält, die schon zerbröckeln« (GS 19: 55), finden sich in einer Frankfurter Konzertkritik, die ebenfalls 1925 publiziert wurde. Die große Abrechnung mit Strawinskys Rückfall ist in Adornos *Philosophie der neuen Musik* nachzulesen, die 1949 erschienen war. Man muss Adornos rigider Kritik an Strawinsky nicht zustimmen. Man muss auch die Einschätzung nicht teilen, dass bei Hindemith »Treffer und Nieten, Gespanntes und Wahlloses dauernd wechseln« (58) – und dass der »ursprünglich eminent begabte[...] Paul Hindemith [...] sich heute ja wirklich in einen völligen Akademismus zurückgezogen hat« (N Abt. V, 1: 82f.). Doch wie dem auch sei – mit einer Jazz-Apologie, die sich über diese beiden Komponisten legitimiert, war Adorno jedenfalls schwer beizukommen. Denn seine Kritik folgte ja gerade nicht dem bildungsbürgerlichen Muster einer Verteidigung der Hochkultur gegen den Massengeschmack und die leichte Muse (oder die ›N.-Musik‹). Nein: Adorno nahm sämtliche musikalische Tendenzen ins Visier, die er für reaktionär hielt, weil sie hinter den Gang des immanenten musikalischen Fortschritts zurückfielen, der (vereinfacht gesagt) von Beethoven über Brahms zu Boulez führe.

Ähnlich kurzatmig wie Berendts Verteidigung des Jazz durch Betonung seiner Verwandtschaft mit jener Musik, die Adorno zeitlebens als reaktionär und pseudo-modern bekämpft hat, erschien auch das Argument gegen Adornos Behauptung, die Substanz der Jazzmusik bestehe in der Geste der Unterwerfung des musikalischen Subjekts, das von diesem freudig-masochistisch bejaht werde.

»Ausgesprochen mephistophelisch ist schließlich der Hinweis auf die Parallelität von Jazz und Diktatur. In Mitteldeutschland leben nun zum zweiten Mal innerhalb von 15 Jahren Menschen in einer ständigen Bedrohung ihrer Existenz, einzig und allein, weil sie gern Jazz hören oder spielen, und da kommt Adorno und meint, es würde hieraus kurzerhand das Gegenteil, weil er das Gegenteil behauptet? Ist es denn um seinen musikalischen ›Nerv‹ so schlecht bestellt, daß er nicht bei jedem Jazz-Takt hört, wie absolut sicher diese Musik gegen jeden Totalitarismus ›impft‹?« (Berendt 1953: 890)

Die Rede von »Mitteldeutschland« und vom »Totalitarismus« lässt eine konformistische Haltung erkennen. Berendt verharmloste den Nationalsozialismus rückblickend durch Gleichsetzung mit der DDR und instrumentalisierte das Jazzidiom im Geist des Kalten Kriegs – genauso, wie es die US-Administration zu jener Zeit tat. Die verunglückte ›Impfungs‹-Metapher verrät zudem, dass Berendt vielleicht mehr von Adornos Gedanken infiziert gewesen ist, als ihm lieb war. Denn die Wirkung eines Impfstoffs beruht ja bekanntlich darauf, dass die schädliche Substanz in geringer Dosis verabreicht wird, um die Immunisierung zu bewirken.

Der »Hinweis, daß die Jazz-Kapelle ›nicht umsonst von der Militärmusik abstammt‹« sei ein billiger Trick«, schrieb Berendt:

»Die Besetzung einer Jazzband stammt deshalb von der Marsch-Besetzung ab, weil die Neger Nordamerikas nicht sahen, daß es in der ›weißen‹ Musik überhaupt eine andere Art der Besetzung gibt.« (Ebd.)

Gegen diesen paternalistischen Aufschlag konnte Adorno seinen Return mühelos anbringen, indem er auf die musikjournalistische Instrumentalisierung von afroamerikanischer Musik verwies. Es müsse ihm in diesem Zusammenhang gestattet sein, zu betonen, dass er »in weitem Maße verantwortlich« sei »für das meist diskutierte amerikanische Buch zur Erkenntnis des Rassevorurteils« (GS 10: 808), nämlich die bereits erwähnten *Studien zum autoritären Charakter*. Als Basis seiner Jazzkritik dürfe man nicht seinen vermeintlich »weißen Hochmut« ansehen, sondern den Impuls, die kulturelle »Entwürdigung« von Menschen anzuprangern, »die ihnen widerfährt, wo man ihre Ausdrucksfähigkeit für die Leistung von Exzentrikclowns mißbraucht.« (809)

Ruth Sonderegger hat in einer Abhandlung über die Adorno-Rezeption des US-amerikanischen Schriftstellers und Philosophen Fred Moten herausgearbeitet, »dass Adorno auch als Stichwortgeber von Schwarzen Widerstandsbewegungen bis hin zu *Black Life Matters* verstanden werden kann« (Sonderegger 2020: 81). Für Moten, der im Kontext der Black-Radical-Tradition forscht, entbehrt Adornos womöglich irritierendste Unterstellung, Jazz sei eine musikalisch allegorisierte Kastrationsdrohung, nicht des Grundes in der Sache. Allerdings nicht mit der Optik weißer Hörer:innen. Afroamerikanische Musiker stünden in einer Tradition versklavter Männer, die permanent symbolisch kastriert wurden, weil sie »über Jahrhunderte zusehen mussten, wie ihre Töchter und Frauen von den weißen Besitzern fortwährend vergewaltigt wurden« (Sonderegger 2020: 102).

Reproduktion der Unterdrückung durch Solidarität mit Unterdrückten

Wie wird Adornos Jazzkritik heute gelesen? Ich meine die substantielle Kritik – nicht seine kulturpolitische Entgleisung von 1933. Eine Kostprobe davon, wie Moten Adornos Kritik gegen den Strich liest, haben wir kennengelernt. »Der Eindruck, dass Adorno Jazz weniger erforschte als ihn vielmehr schlichtweg ablehnte, ist [...] nicht ganz unberechtigt«, stellt der Soziologe Martin Niederauer in der *Zeitschrift für kritische Theorie* fest.

> »Seine Herangehensweise an Jazz mit Begriffen und Maßstäben der Werkästhetik erregt den Verdacht eines Kategorienfehlers. Ebenso wirken seine psychoanalytischen Interpretationen sehr bemüht, seine Beispiele veraltet und seine Rhetorik unsensibel.«
> (Niederdauer 2017: 262)

Doch man solle »es bei der Identifizierung dieser Schwächen nicht belassen«, fährt Niederauer unaufgeregt fort. Der Behauptung, dem Jazz eigne per se eine subversive Kraft, sei ebenso mit Skepsis zu begegnen wie der Verleugnung einer latenten Tendenz zum musikalisch Autoritären im Jazz. Sogar unter immanenten musikästhetischen Gesichtspunkten lasse sich mit Adornos Jazzkritik heute noch arbeiten, weil sie »durch bewusste Übertreibung Dinge sichtbar macht, die ansonsten vergessen blieben« (ebd.). Das belegt Niederauer mit Blick auf neueste Untersuchungen in den USA. »Vertreter der jüngeren Jazzforschung haben das auf einem weiß-schwarz Gefälle basierende exotistische Gefallen am ›Anderen‹ kritisiert und dabei [...] die männlich-männlichen Beziehungen berücksichtigt.« (260) Adorno habe 1953 »eine frühe Feinfühligkeit für positiven Rassismus« an den Tag gelegt (261):

> »Statt die Solidarität mit den Unterdrückten per se für gut zu erklären, wird sie daraufhin befragt, inwiefern sich auch in ihr Unterdrückung reproduziert, inwiefern das weiß-schwarze Herrschaftsverhältnis oberflächlich aufgeweicht wird und latent weiter intakt bleibt.« (261f.)

Gleichwohl würde ich sagen, dass Adorno den Jazz in musik-
ästhetischer Hinsicht missverstanden hat. Seine These, Unterhaltungsmusik bilde zwanghaft den »Konflikt« zwischen »der
Mechanisierung der Produktion« und »dem lebendigen Körper
in der Freizeit« (GS 14: 404) nach, ließe sich an jenen Klang-
teppichen, die seit den 1990er Jahren unter dem Namen *Techno*
zur rhythmischen Gymnastik in offenen Großgruppen vermarktet werden, viel stringenter zeigen als am Jazz. Die ästhetische
Charakteristik des Jazz aus Adornos *Einleitung in die Musiksozio-
logie* leuchtet erst mit Blick auf technoide *raves* so richtig ein:
»Symbolisch wird etwas wie eine Versöhnung zwischen dem
hilflosen Körper und der Maschinerie, dem menschlichen Atom
und der kollektiven Gewalt gefeiert.« (Ebd.) In der Massenkultur
werden technische Produktivkräfte per se gefeiert und, über
formal-symbolische Vermittlung, nachahmend wiederholt. In
der Techno-Sparte kommt die ästhetisch vermittelnde Gestaltung dem Nullpunkt nahe; expressive und ornamentale Elemente sind so gut wie nicht mehr vorhanden, die *beats* tragen
kaum noch melodisches Geschehen, das von Relevanz wäre.
Das ist auch nicht ihre Aufgabe.

> »[I]m Techno gibt es keine Klangautonomie (wie improvi-
> sierte und elektroakustische Musik sie behaupten kann):
> jeder Klang im Techno ist historisch gebunden und
> zusätzlich wirkungsspezifisch determiniert. [...] Um zu
> funktionieren, also beim Publikum anzukommen,
> [müssen] [u]nzählige interne Codes [...] im Club ein-
> gehalten werden, damit der DJ-Set und sein Umgang mit
> historischem Material nicht als ›uncool‹ entgleisen.«
> (Büsser 2002: 32)

Kultstätten der Techno-Geräuschkulisse sind verlassene Orte
aus der letzten Blütezeit industrieller Massenproduktion. Vielleicht geht es dort ja auch weniger um die *performance* einer ›sym-

bolischen Versöhnung‹ von Körpern und Maschinerie, sondern eher darum, die Erinnerung an die Gewalt industrieller Arbeit ins Körpergedächtnis der Zeitgenossen eines *jobless growths* einzuschreiben (eines Wirtschaftswachstums, das in sogenannten ›Wissensgesellschaften‹ stattfindet, die einen Großteil der industriellen Produktion dorthin ausgelagert haben, wo Arbeitskraft wohlfeil ist). Musikalische Subkultur inszeniert die performative *muscle memory* an das einst mit Grund Verhasste, dem man nun nachtrauert, nachdem nicht einmal mehr die trostlose Aussicht sicher ist, seine Ware als Arbeitskraft verkaufen zu können. 1941 sprach Adorno von der »›Rückständigkeit‹ musikalischer Massenproduktion«: Damit meinte er »das Faktum, daß sie sich noch auf einem handwerklichen und nicht wirklich auf einem industriellen Niveau bewegt« (Adorno 2021 b, S. 21). Solche technische Zurückgebliebenheit hat die heutige Produktionsweise erfolgreicher Unterhaltungsmusik hinter sich gelassen.

Die Natur der Kunst:
Ästhetische und soziale Erfahrung

Als der Mai 68 zu Ende ging und die Frankfurter Polizei mit einer Razzia im SDS-Büro beschäftigt war, erläuterte Adorno abends in der Frankfurter Musikhochschule eine Schönberg-Aufführung, an deren Einstudierung er mitgewirkt hatte. Es mochte vielleicht so aussehen, doch er war keineswegs in seine ästhetische Komfortzone geflohen, während seine Schüler:innen auf den Barrikaden kämpften. Adorno ergründete in der Musikhochschule die Schwierigkeiten des Konzepts »Die Phantasie an die Macht«, das im Pariser Mai auf der Tagesordnung stand. Er zeigte, wie die radikale Moderne künstliche musikalische Paradiese aufbaut: »eine in sich hermetisch verschlossene, reine Phantasielandschaft, oder vielleicht – es kommt hier sehr auf die Nuance an – etwas wie einen imaginären Raum, der sich wie unter Glas befindet« (N Abt. V, 1: 487), in dem dann aber »das Gefühl eines in sich Kreisenden, Rückläufigen, Geschlossenen, Gefangenen« gestaltet wird und »die Fäden zu der kommunikativen Tradition [...] abgeschnitten« werden (489).

Bis zuletzt hat Adorno an einem Buch über Fragen der Ästhetik gearbeitet. Er konnte es nicht mehr vollenden. Bereits 1970 wurde die *Ästhetische Theorie* in einer kundig und behutsam redigierten Lesefassung publiziert. Adornos Witwe und sein

© Springer-Verlag GmbH Deutschland, ein Teil von Springer Nature 2021

G. Schweppenhäuser, *Adorno und die Folgen*, https://doi.org/10.1007/978-3-476-05822-5_8

langjähriger Mitarbeiter Rolf Tiedemann hatten sie aus dem Nachlass rekonstruiert. Inzwischen ist eine Neuedition des dritten Kapitels von Adornos posthumem Hauptwerk in Faksimile-Wiedergabe mit diplomatischer Transkription erschienen (Adorno 2021 a; siehe dazu Schweppenhäuser 2021).

Dass Adorno in seinen letzten Jahren die Arbeitsschwerpunkte auf philosophische Kategorienarbeit an der *Negativen Dialektik* und an ästhetische Grundfragen verlegte, befremdete seinerzeit Studierende, die sich dem politischen Aktionismus verschrieben hatten. Es genügte ihnen nicht, dass er sich öffentlich meist mit ihnen solidarisierte. Adorno selbst war allerdings auch nicht frei von inneren Anfechtungen, was die Wahl und die Priorisierung seiner Themen angeht. Bereits im Herbst 1960 war er in einer Tagebuchaufzeichnung der beunruhigenden Überlegung nachgegangen, ob der rituelle Abgrenzungszwang gegen die DDR, der von westdeutschen Intellektuellen im Kalten Krieg erwartet wurde, zur Entpolitisierung führen müsse. Die zumeist unbewusste »politische Selbstzensur« (Adorno 1943–1969: 18) zeitige alarmierende Symptome. »Sartre ist gewiß kein großer Philosoph«, notierte Adorno despektierlich, »aber niemand in Deutschland, auch ich nicht, getraut sich so viel zu sagen wie er noch im gaullistischen Frankreich« (ebd.). In der BRD gelte: »Die politische Selbstzensur, die üben muß, wer nicht zugrunde gehen oder [...] ausgeschaltet werden will, hat eine [...] Tendenz [...] in die Verdummung überzugehen. Allein die Zentrierung meines Interesses in Ästhetik, die freilich meiner Neigung entspricht, hat zugleich etwas Ausweichendes, sich Entziehendes« (ebd.). Ein paar Jahre später drehte sich der Wind; allenthalben wurde mit Vehemenz politisches Bekenntnis und ›Bindung‹ (franz. *engagement*) gefordert. Doch nun knüpfte Adorno nicht an seine düsteren Gedanken an. Solange es aus freien Stücken geschah, war er selbst der strengste Kritiker seines vermeintlichen Eskapismus. Aber sobald es allgemein als opportun galt, sich politisch zu positionieren, rückte

er nicht von der ›Zentrierung seines Interesses‹ ab. Glücklicher-
weise, kann man im Rückblick sagen.

In den 1960er Jahren, als in großen Teilen der Welt der technische Fortschrittsoptimismus herrschte, gehörte Adorno zu
den wenigen Philosophen, die mit Hegels Verdikt über das Naturschöne brachen (siehe Paetzold 1974: 26ff., Sonderegger
2019: 522f. und Kramer 2019: 236f.). Hegel hielt in seiner Kunst-
betrachtung den ›Fortschritt im Bewusstsein der Freiheit‹ für
das wesentliche Merkmal ästhetischer Entwicklung. Das Schöne
und das Erhabene in der Natur hätten einen minderen Status
für die Kunstphilosophie, weil sie ein Defizit an geistiger Durch-
dringung und damit an realisierter Freiheit aufweisen würden.
Adorno entzifferte am Naturschönen hingegen einen speziellen
Modus von Unfreiheit. Diese Entzifferung hilft, den Mangel des
philosophischen Freiheitskonzepts Kants und des deutschen
Idealismus zu begreifen. Und er ermöglicht zugleich, eine Vorstellung von Freiheit zu imaginieren, die über das Konzept von
Freiheit als Kraft zur Unterwerfung des je Anderen hinaus-
gelangt.

Adornos Ästhetik reflektiert zwei klassisch-philosophische
Gegenüberstellungen: die von Geist und Natur und die von Natur und Geschichte. Geht es um Geist und Natur, dann sind
Kant und Hegel Adornos Gewährsleute. Mit ihnen setzte er sich
allerdings meist im Geist von Nietzsche auseinander, den er in
diesen Zusammenhängen aber überraschend selten erwähnt
hat. Vielleicht, weil er ihn verinnerlicht hatte – war Nietzsche
doch gleichsam die Folie für die ästhetische Praxis jener Zeit,
in der die formative Phase von Adornos künstlerischem Urteil
lag, dem Übergang vom Jugendstil zur Avantgarde. Adorno
stellte Kants Konzept der subjektiven Vergeistigung der Natur
Hegels Konzept der im Begriff zum Subjekt-Objekt vergeistigten
Natur gegenüber. Kant bestimmt das Ästhetische – vereinfacht
gesagt – von der Form her, auf die sich das Subjekt in seinem
ästhetischen Urteil bezieht. Hegel bestimmt das Ästhetische

von der Geschichte her, womit es immer auch einer Entwicklung unterliegt. Kommt man mit Kant zu dem Ergebnis einer geschichtslosen Formalästhetik, so mit Hegel zu einer auf Geschichte ausgerichteten Inhaltsästhetik. Nietzsches Leib-Ästhetik steht dazu quer.

Adorno zufolge artikulieren Kunstwerke, in der einen oder anderen Weise, die Stimmen der Opfer von Naturbeherrschung. Kunstwerke stehen gleichsam für das Daseinsrecht der unterdrückten Natur, sowohl der äußeren wie der inneren des Menschen. Sie erlauben es, die Naturhaftigkeit der Menschen zu verstehen, die im Prozess fortschreitender Rationalisierung der sozialen Welt und ihrer Beziehung zur Natur unterdrückt werden. Adorno führt dies darauf zurück, dass Kunstwerke wie ein vor-rationaler Rest aus der Welt der Magie und der Mythologie in die entzauberte Welt hineinragen. Das gelte auch, nachdem Kunstwerke sich von den kultischen Zwecken und Funktionen emanzipiert haben, denen sie einst zu dienen hatten.

Der negativ-teleologische (man könnte auch sagen: der nicht positiv bestimmte utopische) Horizont von Adornos Ästhetik ist die Idee der Versöhnung von Besonderem und Allgemeinem, von Ausdruck und Begriff – letztlich: von Vernunft und Natur. Dafür stehen die Konzepte der Mimesis (dazu später mehr) und der Konstruktion. Ob ein »versöhnter« Zustand, sollte er je gesellschaftlich verwirklicht werden, die Kunst bzw. die Künste als Produktions- und Rezeptionsverhältnis aufheben oder überhaupt erst frei entbinden würde, das bleibt bei Adorno dahingestellt.

Kunst ist für Adorno bewusstlose Geschichtsschreibung. Sie verhilft dem Leiden der Subjekte zu ihrem ungeschmälerten Ausdruck, indem sie diesen Ausdruck mit dem Gegenpol, der rationalen Konstruktion des Werks gemäß seinem autonomen Formgesetz, zum mimetischen Ausdrucksverhalten vermittelt. Kunstwerke zeigen, was ist. Sie tun dies aber, sofern sie wahre Kunstwerke sind, stets im Lichte dessen, was sein *könnte*. Das

erlösungsbedürftige *Wesen* der sozialen Wirklichkeit (d.h.: ihre
Struktur) wird in deren kritischer Theorie auf ihre Begriffe gebracht, während Kunstwerke ihre Erlösungsbedürftigkeit zur
Erscheinung bringen (d.h.: anschaulich werden lassen). Kunst-
wahrheit konkretisiert sich immer nur in einzelnen Kunstwerken.

Ein zentrales Thema in Adornos Ästhetik ist die Autonomie
der Kunst in der Moderne. Sie ist zunächst eine Autonomie der
Konstruktion. Gerade vermöge derer jedoch – so Adornos Über-
zeugung, die er 1959 in einer Frankfurter Ästhetik-Vorlesung
formulierte – könne »die neue Kunst« sich zu dem machen,
»was Kunst in einem zentralen Sinn freilich stets schon gewesen
ist, nämlich zum Sprecher des Leidens, das eigentlich verdrängt
worden ist« (N Abt. IV, 3: 307). Und zwar vor allem dadurch, dass
sie den Rezeptionserwartungen der Hörenden, Lesenden oder
Betrachtenden nicht entgegenkommt. So finde eine authentische Auseinandersetzung mit Leiden statt. Die standardisierten
Emotionsschablonen minderer Kunst und kulturindustrieller
Serienproduktion präsentieren zwar Leiden. Auf den ersten
Blick kann man daher den Eindruck haben, dass Leiden in jenen
pathetisch daherkommenden Kunst- und Kulturgenres keineswegs verdrängt würde. Aber durch ihre Präsentation in mehr
oder minder vorgefertigten Formaten wird »die Emotion, die
[...] in der Sache gar nicht vorhanden ist«, sondern nur formel-
haft prätendiert wird, »verschandelt« (308). In radikalen und
daher unpopulären neueren Kunstwerken werde hingegen das
Leiden des ästhetisch produzierenden Subjekts daran produk-
tiv, dass überkommene Formensprachen der Tradition ungenü-
gend geworden sind und als Ausdrucksmedium für neue
Erfahrungen nicht mehr in Frage kommen. Adornos Referenz-
punkte sind die Verweigerung oder Überschreitung der
überlieferten harmonischen Regeln der tonalen Kompositions-
weise und die Verweigerung oder Überschreitung narrativer
Kontinuitäten oder visueller Darstellungskonventionen, die in

der klassischen Moderne und in den 1950er Jahren erprobt und durchgesetzt wurden. Unter Anleitung von Alexander Kluge erkannte Adorno in den 1960er Jahren sogar im Medium Film (das er ansonsten als nicht autonomiefähig verkannte) genuin ästhetisches Potential, nämlich virtuell anti-realistische und anti-dokumentarische Techniken, die »die Dinge [...] in schrifthafte Konstellation« (GS 10: 358) überführen können, anstatt sie nur visuell zu reproduzieren.

Adornos *Ästhetische Theorie* ist eine geschichtsphilosophische Wahrheitsästhetik. Die Bearbeitung künstlerischer Probleme ist für Adorno dem – problematischen – Ideal des Neuen verpflichtet. In anderen Worten: Sie ist der Forderung Rimbauds verpflichtet, dass man ›absolut modern‹ sein müsse. Das inner-ästhetische Postulat, »daß ein Künstler über den einmal erreichten Stand seiner Periode verfügen müsse« (GS 7: 37), besteht mit Nachdruck auf künstlerischer Autonomie. Das Postulat trägt aber gleichsam das Kainszeichen des Bewegungsgesetzes der bürgerlichen Gesellschaft an der Stirn. Diese fordert permanente Innovation der Produktivkräfte. Und sie fordert die permanente Anpassung der Distributions- und Rezeptionsweisen an den jeweils neusten Stand der Produktion. Die Kunst der radikalen Moderne entzieht sich der Verwertungslogik der bürgerlich-ökonomischen Vernunft. Aber sie tut dies nicht ›abstrakt‹, indem sie aus der Geschichte und dem gesellschaftlichen und dem technisch-industriellen Fortschritt aussteigt. Im Gegenteil. Die ästhetisch-autonome Rationalität der Moderne hat an der technischen Innovationstendenz teil, indem sie ihre eigenen künstlerischen Produktionstechniken radikalisiert und revolutioniert. Auf diese Weise, meinte Adorno, ist die ästhetische Moderne zwar in die Gefahr involviert, das Neue um seiner selbst willen zu vergötzen und damit die ökonomische Logik widerzuspiegeln. Aber mehr noch verkörpert sie ein Versprechen, das in der Rationalität der bürgerlichen Gesellschaft auch enthalten gewesen ist, jedoch mehr und mehr marginalisiert wurde. Es ist das Versprechen der Erfahrung eines Anderen, das die Erwerbslogik des bürgerlichen Produktions- und Zirkulationsalltags ad absurdum führen würde. Dieses Andere steht bei Charles Baudelaire (1859) zugespitzt hinter der Chiffre des Todes, der am Ende einer langen Reise um die Welt als der einzige Garant wahrhaft neuer Erfahrung erscheint. Das Andere wäre die Utopie einer Lebenspraxis, in der Autonomie verwirklicht wäre: auch als Selbstbestimmung der Individuen.

Die Avantgarde-Bewegungen des frühen 20. Jahrhunderts sprachen diese utopische Intention zum Teil offen aus. Im Ästhetizismus der zweiten Hälfte des 19. Jahrhunderts wurde die utopische Intention nur indirekt, negativ, formuliert. Sie fand ihren Ausdruck in der Ablehnung aller Instanzen der bestehenden Gesellschaft. Der Rückzug in eine Kunst um der Kunst willen kann mit Adorno durchaus als Absage interpretiert werden. Dann wird sie kenntlich als negativ gewendete Utopie wirklicher Schönheit und authentischer Erfahrung, die die Grenzen der Kunst überschreiten würde. Die Abkehr von der Lebenspraxis um der Kunst willen und die Aufhebung der Kunst in Lebenspraxis erweisen sich als polare Anstrengungen mit einem gemeinsamen Ziel. Die Autonomie der Kunst wird im Ästhetizismus absolut gesetzt; sie ist per se aber Platzhalter verwirklichter gesellschaftlicher Autonomie.

Jede Kunst, so Adorno, schwankt zwischen dem Bemühen um spezifischen, individuierten und daher authentischen Ausdruck und dem Rückgriff auf schematisierende Verfahren und konventionelle Formen (GS 7: 466f.). Adornos Bewertungskriterium für Kunst ist aber kein exklusiv ästhetisches. Es ist in einem Bereich angesiedelt, in dem sich Sozialphilosophie und Erkenntnistheorie überschneiden. Das Maß der Kunst sei nämlich »das Maß an gesellschaftlicher Wahrheit« (GS 15: 12), das in einem Kunstwerk zum Ausdruck komme. Adornos Vorstellung vom künstlerischen »Fortschritt« (GS 7: 467) liegt die Auffassung zugrunde, dass nur Kunstwerke standhalten könnten, deren Wahrheitsgehalt und Legitimität sich auch in nachhaltiger Reflexion erweise.

Diese Auffassung war einerseits postavantgardistisch informiert, doch andererseits nach wie vor einem hegelschen Wahrheitsparadigma verpflichtet. Nach Hegel hat Kunst »die tiefsten Interessen des Menschen, die umfassendsten Wahrheiten des Geistes zum Bewußtsein zu bringen und auszusprechen. [...] Diese Bestimmung hat die Kunst mit der Religion und Philosophie gemein, jedoch in der eigentümlichen Art, dass sie auch das Höchste sinnlich darstellt.« (Hegel 1842: 21) Dieses Motiv hat Adorno von Hegel (mehr oder weniger) ungebrochen übernommen. Kunstwerke, von denen die Kritik zeigen kann, dass sie in irgendeiner Weise »unwahr« sind, verfallen rasch der Kritik oder werden im Lauf ihrer Rezeptionsgeschichte als kitschig rezipiert. »Was Kunst war, kann Kitsch werden«, schrieb Adorno: »Vielleicht ist diese Verfallsgeschichte, eine der Berichtigung von Kunst, ihr wahrer Fortschritt« (GS 7: 467). Ein revolutionäres Kulturbewusstsein wäre demnach keine traditionsabstinente Tabula-Rasa- und Neuanfangs-Mentalität. Es würde vielmehr verfremdete, sich selbst entfremdete Gehalte eigenwillig aneignen und damit erst zu sich selbst, zu ihrer eigenen Wahrheit, bringen.

Der Wahrheitsgehalt »authentische[r] Kunst der Vergangenheit«, heißt es in der *Ästhetischen Theorie*, geht durch den innerästhetischen Fortgang nicht unter:

> »Einer befreiten Menschheit sollte das Erbe ihrer Vorzeit, entsühnt, zufallen. Was einmal in einem Kunstwerk wahr gewesen ist und durch den Gang der Geschichte dementiert ward, vermag erst dann wieder sich zu öffnen, wenn die Bedingungen verändert sind, um derentwillen jene Wahrheit kassiert werden mußte: so tief sind ästhetisch Wahrheitsgehalt und Geschichte ineinander.« (GS 7: 67f.)

Sinneslust und Vergeistigung des Schönen

Wer Adorno für einen dogmatischen Avantgardisten hält, mag es überraschen, dass er Ende der 1950er Jahre in der Frankfurter Ästhetik-Vorlesung auf einen sehr traditionellen Gegenstand zu sprechen kam, nämlich auf Shakespeares *Romeo und Julia*. Im Zusammenhang der Spannung zwischen sinnlicher Lust und ästhetischer Vergeistigung machte Adorno an dieser Stelle deutlich, dass er ein materialistischer Philosoph gewesen ist.

Kant lehrte, dass in der ästhetischen Erfahrung das Begehren erlischt. An Kunstwerken haben die Betrachtenden demnach kein direktes Interesse, sie wollen sie nicht besitzen oder sich einverleiben, sondern sich an der puren Anschauung erfreuen. Dazu müssen sie sich in eine Betrachtung versenken, die praktische Anwendungszwecke jeder Art ausblendet. Nietzsche hat gegen diese kontemplative Ästhetik polemisiert, die von Kant ausgehend bis heute in allen späteren Formalästhetiken wiederkehrt und meistens unumstößlich gesetzt ist. Nietzsche (auf den Adorno in diesem Zusammenhang aber nicht ausdrücklich eingegangen ist) sah am Grunde aller Begeisterung für Kunstschönheit, auch wenn sie noch so abgeklärt und womöglich altersmilde daherkommt, das glühende Begehren, das Interesse des Menschen am anderen Menschen, letztlich am Menschen als Körperwesen. Auch Nietzsches philosophische Kunsttheorie war ein Stück Philosophieren »am Leitfaden des Leibes« (Nietzsche 1884: 249), in der er die selbstherrliche Vorstellung einer Autarkie des Geistes relativierte. Damit nahm Nietzsche Aspekte der Sublimierungstheorie Freuds vorweg, auf den Adorno sich denn auch ausdrücklich bezogen hat. Keine künstlerische Produktion und keine Kunstrezeption wäre ohne die Verlagerung von libidinöser Energie denkbar; aber daraus folge nicht, dass die Kunst plump und grob als Ersatzbildung und ihre Betrachtung als Ersatzbefriedigung für entgangene oder auf immer blockierte Lust zu beschreiben sei. Nein, denn zum einen habe die Psychoanalyse nie wirklich klären können, wie sich Sublimierung und Verdrängung in der Psychodynamik letztlich zu einander verhalten. Und zum andern mache es gerade die ästhetische Wirkung aus, dass im geistig Vermittelten das gleichsam physisch Unmittelbare, das Begehren, aufgehoben sei. Werde es sozusagen restlos herausgefiltert, so Adorno in der Frankfurter Ästhetik-Vorlesung, bliebe eben kein Ideal zurück, kein Geistig-Erhabenes, sondern bloße Formalitäten, die am Ende gerade keine ästhetische Erfahrungen mehr ermöglichten, sondern belanglos blieben.

Diesen Gedanken erläuterte Adorno an Shakespeare. Was macht die »Süße und unbeschreibliche Kraft« von *Romeo und Julia* aus? Nichts Geringeres als »die Utopie [...], daß so etwas wie die schrankenlose Erfüllung, wie die nicht domestizierte, die nicht gebändigte, die nicht von den dinghaften Verhältnissen verunstaltete Liebe sein soll« (N Abt. IV, 3: 62). Aber Shakespeare proklamierte diese Utopie nicht, und bekanntlich stellte er sie ja auch nicht dar. Das Formgesetz, dem sein Bühnenwerk verpflichtet ist, führte ihn zum Gegenteil; es zeigte, dass Wünsche einer nicht-domestizierten Liebe nicht in Erfüllung gehen können. Die Utopie

> »wird von dem Stück nicht verfochten; das Stück tut nichts anderes als rein seinem inneren Gesetz gehorchen, nämlich eben mit dem Gestus des ›Voilà‹ darzustellen, wie es nun um die Liebe bestellt ist, wie es der Liebe, wie es der Unmittelbarkeit in einer vermittelten Welt ergeht. Aber wenn nicht dieses Moment darin wäre, wenn nicht damit das in dem Stück selbst gesetzt wäre, was ein mehr als Ästhetisches ist, dann wäre das Stück selber auch ästhetisch – und nicht das, was es ist.« (Ebd.)

Im Ausgang von Platons *Phaidros* hat Adorno dargelegt, dass das sinnliche Scheinen ein Medium ist, in dem Kunst-Rezipierende

»die Erscheinung der Utopie« (N Abt. IV, 3: 162) erfahren können. Er las den platonischen Diskurs über die Liebe und die
Schönheit als »ein Stück verkappter Urgeschichte des Schönen«
(152). Bei Platon trete die Spannung zwischen den Polen der
sexuellen Attraktion und deren Sublimierung nämlich noch
recht unverstellt hervor; die Tradition der philosophischen Ästhetik bis hinauf zu Kant verschweige das Element des Trieb-
haft-Mimetischen (welches auf das Prinzip der Selbsterhaltung
zurückverweise); sie lasse einzig das Element der zweckfreien
Kontemplation gelten. Dieses Element kritisierte Adorno freilich nicht als falsches Bewusstsein; als Moment einer dialekti-
schen Bewegung des Gedankens ist es für ihn unverzichtbar.
Denn ästhetische Schönheitserfahrung sei mit einem »Sich-Er-
heben über die gesamte Welt des Bedingten hinaus« verbunden,
das freilich »nicht gelingen kann« bzw. »nur als Schein gelingen
kann« (163). Adorno sagte damit nicht (im Sinne affirmativer
Metaphysik), dass eine Erhebung in die Sphäre der Transzendenz auf andere Weise gelingen könne. Seine Erinnerung an das
Unbedingte verstand er als Erinnerung an die metaphysische
Intention traditioneller Philosophie, die nicht ohne entscheidenden Verlust preisgegeben werden könne.

Genauso argumentierte Adorno in der *Negativen Dialektik* gegen eine – scheinbar auftrumpfende, in Wahrheit resignative
– Verabschiedung der Metaphysik: Einzig von einem radikalen
Standpunkt, der das Unbedingte denkt, lasse sich dem Grauen
standhalten, das vom Zustand des bedingten, beschädigten Lebens und des enteigneten Sterbens in den Konzentrations-
lagern ausstrahle. Das ›Bedingte‹ ist im Zusammenhang von
Adornos Ästhetik im traditionellen Sinne die ›sinnliche Natur‹,
das ›bloß Sinnliche‹, das ›bloße Dasein‹, während das ›Unbedingte‹ »das geistige Teil« (165) des Menschen ist. Aber beides
wird im Modus des Verstümmeltseins gedacht: als gequälte
Leibnatur, der eine ihrer selbst entfremdete, instrumentell ver-
kürzte Vernunft entspricht. Nur wenn der Gedanke eines Unbe-

dingten als kontrafaktische Grundlage radikaler Kritik alles Faktischen – und dessen Verdoppelungen im Geist – beibehalten werde, könne Denken mehr sein als derartiges Abbilden.

Gegen konventionelle Lesarten hob Adorno hervor, dass weder Platon noch Kant den Gegensatz von Bedingtem und Unbedingtem in der Ästhetik bloß als »banalen Gegensatz des Sinnlichen und des Geistigen« gedacht hätten, »als ob also die Kunst die Erscheinung eines Geistigen wäre, die uns insofern negativ affiziert, als sie gegen das sinnliche Moment sich richtet, und positiv, indem sie das Geistige verkörpert« (ebd.). Aber auch die klassische Konzeption des *Symbols* als bruchlos-harmonischer Einheit von Gedachtem und Anschaulichem überzeugte ihn nicht, weil die dynamische Spannung der beiden Elemente dort stillgestellt werde. Vielmehr sei es – vor allem nach Platon – »dem Schönen wesentlich, daß in ihm das Geistige selber sinnlich wird, daß es erscheint, und daß andererseits das Sinnliche selbst als Träger eines Geistigen in seiner Sinnlichkeit zugleich vergeistigt wird« (ebd.). In der Ästhetik drückt sich dies als utopisch-resignativer Doppelcharakter der Erfahrung des Schönen aus. Adorno betonte, »daß die Kunst die Utopie als eine gegenwärtige unter uns festhält, aber [...] um den Preis ihrer Wirklichkeit« (163).

Hier könnte man einwenden, dass es doch das Merkmal einer Utopie ist, nicht wirklich zu sein. Dem hätte Adorno wohl entgegengehalten, dass die Gestaltung oder der Ausdruck einer Utopie, die nicht auf ihre Verwirklichung drängt, ihrem Begriff nicht gemäß wäre. Adorno hat mit zwei Wirklichkeitskonzepten operiert, wie an folgendem Zitat deutlich wird, das den Gedanken der ästhetischen Utopie fortsetzt: »Und darin liegt das Doppelte der Kunst, daß sie als eine kritische und als eine gewissermaßen das Unbedingte nicht verratende sich gegen die Wirklichkeit stellt; zugleich aber, indem sie darauf verzichtet, jenes Unbedingte selber eben doch zu verwirklichen, dann auch wieder [...] sich [...] zu einem Bestandteil des bloß Seienden, der

bloßen Wirklichkeit macht.« (Ebd.) – Daniel Martin Feige hat
Adornos Kunstbegriff treffend beschrieben:

> »Kunst eignet somit ein gegenüber der gesellschaftlichen
> Realität gegenwendiges Moment: eine Gegenwendigkeit,
> die nicht durch so etwas wie manifeste Inhalte der Kunst,
> sondern vielmehr durch ihre Form [...] zustande kommt.
> [...] Für Adorno ist Kunst damit letztlich der Form nach
> auf eine Utopie besseren Lebens bezogen.«
>
> (Feige 2018 a: 209)

Ästhetische Erfahrung in der Philosophie der Gegenwart

Eine weitere Grundschicht in Adornos Ästhetik bildet seine Auffassung vom mimetischen Impuls in der künstlerischen Produktion. Um einschätzen zu können, wie man in heutigen Debatten
über Fragen ästhetischer Rationalität an Adorno anknüpft und
wie man sich von ihm abgrenzt, ist es hilfreich, seine Mimesis-
Theorie heranzuziehen (siehe Früchtl 1986). Adorno orientierte
sich an anthropologischen und soziologischen Forschungen,
die zu seiner Zeit *state of the art* waren: die Mimesis- und Magie-
theorien von Roger Caillois und Marcel Mauss sowie, gewissermaßen als Kontrastfolie dazu, die Rationalisierungstheorie von
Max Weber. Wenn Adorno sich Gedanken über eine »Urgeschichte« der Kunst machte, suchte er nicht nach den historischen Ursprüngen künstlerischer *poiesis*; er dachte über die
Schichten ästhetischen Schaffens nach, die sich im Laufe der
Zivilisationsgeschichte übereinandergeschichtet und zu einer
komplexen Praxisformation verdichtet haben. In ihren späten
und gegenwärtigen Gestalten sind frühere und frühste eingeschrieben; folglich interessierte sich Adorno weniger für

einzelwissenschaftliche Forschungsergebnisse, archäologische Funde oder dergleichen, sondern für umfassend-allgemeine Theorien der sozialen Funktionen künstlerischer Praktiken und ihrer Wirkungen auf den seelischen Haushalt der Menschen. »Einmal ist in der Geschichte das mimetische Verhalten, also das Verhalten der unmittelbaren Nachahmung überhaupt, eines der primären gewesen.« (N Abt. IV, 3: 68) Daraus sei »die magische Praktik« entstanden, die in der Vorstellung besteht, dass man durch Nachahmung von Naturphänomenen »Gewalt über die Natur gewinnt« (ebd.).

Für Adorno stand fest, dass dieser Impuls sich im Verlauf der rationalen, von den Naturwissenschaften angeleiteten ›Entzauberung der Welt‹ (Weber) wie eine Unterströmung in der sozialen Praxis und der individuellen Psychodynamik erhalten habe, und zwar als ästhetisches Rudiment. »Die Kunst ist ein mimetisches Verhalten, das festgehalten, das bewahrt ist in einem Zeitalter der Rationalität.« (Ebd.) Es ist freilich nicht unberührt geblieben vom formend-rationalen Zugriff. Bis in die Kunst der Gegenwart sah Adorno die Kunst geprägt vom Widerspiel ihrer beiden Pole, der Mimesis und der Konstruktion. Ein Kraftfeld ist also die sich an die Gegenstände anschmiegende, in Ausdrucksgesten vielfältigster Art manifestierende Angleichung an die Welt der (geliebten, begehrten, gefürchteten oder gehassten) Objekte. Ein anderes Kraftfeld ist die entwerfend-konstruktive Komposition, die auf logische Stimmigkeit der Teile bedacht ist, die sich zu einem Ganzen fügen und eine Gestalt formen sollen. Überlässt sich das Subjekt dort soweit wie irgend möglich dem Besonderen, Einzelnen und Unwiederholbaren, dann behauptet es sich hier umso mehr als planend-rationales: als Subjekt, das sein Werk organisiert. Dabei hat Kunst auch teil an aufgeklärter und aufklärerischer Vernunft. Und zwar nicht nur in Werken der Literatur, die Formen und Verformungen des Lebens beschreiben und nicht selten auch erklären können, sondern auch in Bildern (wie denen der Renaissancemaler, die das Sehen gemäß dem jeweils aktuellen Stand optisch-physikalischer Wissenschaft schulen) oder in musikalischen Werken, deren Tonmaterial nach dem jeweils neuesten, instrumentaltechnisch ermöglichten Stand der Harmonielehre organisiert ist (wie Bachs *Wohltemperiertes Klavier*) oder die ein historisch neues Konzept gesellschaftlicher Subjektivität modellieren (wie Beethovens Klaviersonaten).

Wenn man sich heute in akademischen ästhetischen Diskursen auf Adorno bezieht, dann dominieren drei unterschiedliche Konzepte ästhetischer Erfahrung. Im ersten wird Ästhetik im Geiste Hegels als philosophische Theorie der Kunst fokussiert. Man versteht dann unter Kunst alle Objekte, die Gegenstand einer ästhetischen Erfahrung werden können. Im Umkehrschluss heißt das: Ästhetische Erfahrungen gibt es nur mit Objekten der Kunst (Bertram 2016). Das zweite Konzept betont im Geist der Avantgarden, dass der ästhetische Erfahrungsmodus von den Handlungszwecken und vom Nutzen der Objekte distanziert: Ästhetische Erfahrung ist dann die Erfahrung der Nichtbestimmbarkeit von Objekten, philosophische Reflexion richtet sich auf die Irritationskraft von Kunst. Im ästhetischen Formgesetz manifestiert sich Vernunft, die es ermöglicht, andere, außerästhetische Vernunftformen der Kritik zu unterziehen (Menke 2018; Feige 2018). Im dritten Konzept ist Ästhetik, im Geist der Phänomenologie, eine philosophische Reflexion der Grundlagen und Grundformen des Erlebens und des Urteilens in Bezug auf die natürliche und gestaltete Umgebung. Wer im Rahmen dieses Konzepts argumentiert, interessiert sich nicht nur für Kunstwerke, sondern auch für das ästhetisierte Alltagsleben und für die Natur (Böhme 2016). Ästhetische Erfahrung ist dann ›entgrenzt‹ und ›unabschließbar prozessual‹, und daher soll der Begriff autonomer Kunst, wie ihn Heidegger, Gadamer und Adorno vertraten, erweitert werden (Rebentisch 2006).

Fraglich bleibt hier allerdings, ob in der phänomenologischen Ästhetik des Alltagslebens und der Natur der Unterschied zwischen einem ästhetischen Erlebnis und einer ästhetischen Erfahrung immer trennscharf gefasst wird. Von *Erfahrung* kann im Sinne der Konzepte eins und zwei ja nur dann die Rede sein, wenn ästhetische Erlebnisse mit Blick darauf kritisch reflektiert werden, ob sich das Subjekt, das sie macht, dadurch verändert und zu qualitativ neuartiger Wahrnehmung stimuliert – oder ob ästhetische Erlebnisse sich darin erschöpfen, gängige Wahrnehmungsweisen zu bedienen und zu bestätigen. Und das verweist wiederum auf die ästhetischen Gegenstände, genauer gesagt: auf die Frage, ob sie dazu geeignet sind, ästhetische Erfahrungen zu ermöglichen. Feige hat gezeigt, dass dies nicht nur für Kunstwerke gilt. So sind etwa Videospiele eine kulturindustrielle »Verlängerung der Arbeitswelt« (Feige 2018 a: 212); dennoch würden in diesem Unterhaltungsmedium durchaus auch »eigenständige ästhetische Formen« geschaffen, vermöge derer die Spielenden »den Sinn derselben neubestimmen können« (213), und zwar »im Medium einer ästhetisch verkörperten Reflexion« (216).

Komplementär zu den drei skizzierten Diskurslinien wird Adornos Verbindung von Ästhetik mit Sozialphilosophie inzwischen wieder stärker akzentuiert (Sonderegger 2016). Dass Kunstwerke allein der Logik ihrer Form verpflichtet sind, war für Adorno Resultat einer immanenten ästhetischen Entwicklung, deren gesellschaftliche Grundlagen dieser Entwicklung freilich nicht äußerlich bleiben würden. Es ist heute wahrlich kein Geheimnis mehr, dass ästhetische (Form-)Entwicklungen stets soziale Konditionen haben. Doch selbst, wenn dies von niemandem bestritten wird, hat die systematische Verbindung von Ästhetik mit Sozialphilosophie im aktuellen Diskurs keineswegs die Präsenz, die sie bei Adorno noch hatte.

Ästhetische Autonomie und soziale Funktion

Die Verbindung von Ästhetik und Sozialphilosophie kommt in Adornos berühmter Formel zum Ausdruck, dass ein Kunstwerk immer zugleich etwas Autonomes und ein ›fait social‹ sei (GS 7: 16, 340 und 374f.; Hervorh.: G.S.). Die Formel hat ästhetische, kunstsoziologische und geschichtsphilosophische Aspekte. Kunstwerke artikulierten subjektive und objektive Erfahrungen und Erkenntnisse, und weil sie das nicht begrifflich, sondern anschaulich tun, artikuliert sich in ihnen immer auch ästhetische Freiheit. Von hier aus gesehen zeigt sich, dass der Gegensatz zwischen dem hegelianischen und dem phänomenologischen Konzept ästhetischer Erfahrung vermittelt werden kann. Ästhetische Erfahrung ist nicht nur kunstimmanent – aber erst als Erfahrung von Kunst (begleitet durchs Denken) wird sie jenes gesellschaftlichen Gehalts ästhetischer Praxis teilhaftig, der im ästhetisierten Alltagsleben als solcher nicht zur Erkenntnis gelangt, weil er durch kulturindustrielle Inszenierungen überdeckt wird.

Die Formel vom »Doppelcharakter der Kunst als autonom und als fait social« (GS 7: 16) spielt auf Émile Durkheims Funktionalismus an. Soziale Phänomene und Interaktionen firmieren dort als soziale *Fakten*, d.h., sie sollen empirisch-kausal überprüfbar werden; um ihren Sinn verstehen zu können, sei kein Rekurs auf substanzielle Begriffe erforderlich. Sozialphilosophische Konzepte wie ›gesellschaftliche Antagonismen‹ oder ›historische Bewegungsgesetze‹, die eine Folie von Adornos Ästhetik bilden, werden als metaphysische Relikte verabschiedet. Zum Verständnis sozialen Geschehens wird nur nach den Verhältnissen der Akteure zueinander gefragt. Doch was verbindet denn die Einzelnen und ihre Gruppe? Soziale Relationen müssen als Relationen von etwas gedacht werden; sie finden nicht im geschichtslosen Raum statt. Deshalb nahm Durkheim an, es gebe einen Rahmen, der die Akteure umschließt. Über kulturelle Rituale, die Bewusstseinsinhalte der Gemeinschaft überliefern, würden sie in überindividuelle Formen eingebunden. Diese Überlieferung sei soziale Tatsache, etwas »schlechthin Gegebenes« (GS 8: 247). Nach Widersprüchen, Brüchen und Entwicklungsmöglichkeiten fragte Durkheim nicht. Adorno kommentierte: »Gesellschaft wird, einen Terminus von Marx anzuwenden, mystifiziert« (252). Gegen den funktionalistischen Objektivismus der Kultur sei u. a. auf einem Konzept ästhetischer Freiheit zu bestehen. Soll diese aber nicht selbst wie ein Mysterium wirken, muss sie begründet werden. Adorno tat dies im historischen Sinn: »Autonomie« der Kunst, ihre »Verselbständigung der Gesellschaft gegenüber«, sei Ergebnis der Sozialgeschichte; Kunstautonomie sei eine »Funktion des [...] bürgerlichen Freiheitsbewußtseins« (GS 7: 334). Er hat hier also selbst eine sozialfunktionalistische Perspektive eingenommen – aber eine *sozialkritische*. Er fasst die Strukturen gesellschaftlicher Wirklichkeit, welche die Relationen formen, nicht als Tatsachen, tritt aber auch nicht für eine essentialistische Metaphysik ein. Adorno ging davon aus, dass etwas gedacht werden muss, das den sozialen Phänomenen zugrunde liegt, aber selbst nicht als solches erscheint; andernfalls wären die sozialen Phänomene Erscheinungen von nichts. Adornos ästhetische Studien fragen daher, »wie das *Ganze* einer Gesellschaft, als einer in sich widerspruchsvollen Einheit, im Kunstwerk erscheint« (GS 11: 51).

Adornos gesellschaftliche Dialektik der Kunst bewegt sich zwischen den Polen Freiheit und Determination. Kunstfreiheit ist Dysfunktionalisierung, ein Gebot der sich emanzipierenden Ästhetik. In dieser Hinsicht wies Adorno sozialfunktionalistische Verkürzungen ästhetischer Fragen zurück. Heute lässt sich das gegen den Kunst-Soziologismus von Pierre Bourdieu in Stellung bringen (Resch/Steinert 2003: 321f.). Gleichwohl geht Kunst aus einem sozialen Bedürfnis hervor, daher argumentierte Adorno auch gegen metaphysische Ästhetiken. Er wollte jedoch die philosophische Perspektive nicht ersetzen: Sachgehalte der Kunstwerke lassen sich zwar über Inhalte erschließen, doch ihre Wahrheitsgehalte seien nur durch Formanalyse zu begreifen, die nicht durch den Hinweis auf ihre soziale Entstehung zu relativieren ist.

Von seinen ersten Aufsätzen in der *Zeitschrift für Sozialforschung* bis hin zu den Typoskripten der *Ästhetischen Theorie* hat Adorno eine Korrespondenz zwischen dem Emanzipationsprozess der Kunstwerke und dem sozialen Emanzipationsprozess des bürgerlichen Subjekts im Blick gehabt. Beide Prozesse sind vom gleichen Widerspruch gesellschaftlichen Fortschritts im Rahmen kapitalistischer Produktionsverhältnisse durchzogen. Die Autonomisierung der Kunstwerke verhält sich zur Autonomisierung des Subjekts in vieler Hinsicht antizipierend: auch im Hinblick auf ihr Scheitern. Ästhetische Emanzipation ist für Adorno daher nicht Widerspiegelung der gesellschaftlichen Emanzipation im Ganzen (denn Emanzipation hat ja bisher stets nur partikular stattgefunden); sie könnte das Modell für universale Emanzipation sein.

An Adornos *Ästhetischer Theorie* fasziniert heute (vielleicht mehr denn je) die Verbindung der begrifflichen Rekonstruktion ästhetischer Erfahrung mit philosophisch fundierter Herrschaftskritik. Etliche Aspekte ästhetischer Erfahrung, die in kunst- und kulturphilosophischen Konzepten der Gegenwart beschrieben werden, stellt Adorno in seiner geschichtsphilosophischen Wahrheitsästhetik zurück bzw. er blendet diese aus. Das hängt damit zusammen, dass er kritisch, aber würdigend an das aufklärerische Konzept der *Entwicklung* zugrunde legt. Demzufolge sollte sich die Entfaltung von Zivilisation und Gesellschaft nicht bloß im Sinne einzelner Zielsetzungen manifestieren, die einander nicht selten widersprechen. Sie hätte sich vielmehr im Sinne einer Menschheit (einem autonomen, freien Gesamtsubjekt) auch in der Formensprache der Kunstwerke zu manifestieren. Dieses aufs Ganze gehende Programm der Aufklärung wurde bekanntlich nicht verwirklicht, aber seine normativen Implikationen sind deswegen auch nicht einfach falsch geworden. Das, nicht etwa eine Tendenz zur subjektivistischen Innerlichkeit, verstand Adorno unter dem »Subjektivierungsprozeß der Musik« (GS 16: 526). Zugleich müsse ernstzunehmende ästhetische Produktion aber auch über das hinausgelangen, was er auf seinem Spezialgebiet als »Komplizität von Musik mit Naturbeherrschung« (534) bezeichnet hat. Der Manifestation autonomer Subjektivität in den Künsten müsse das Gedächtnis an das Leid eingeschrieben sein, das die Unterwerfung äußerer und innerer Natur verursacht. »Die Konsequenz künstlerischer Technik ist als wahrhafte Beherrschung immer zugleich auch deren Gegenteil, die Entwicklung der subjektiven Sensibilität zur Empfindlichkeit für die Regung dessen, was nicht selbst Subjekt ist« (537f.)

Ästhetische Produktion, die dem Ausdruck von Freiheit, nicht aber dem zuvor skizzierten Konzept einer Entwicklung zum einem freien Gesamtsubjekt verpflichtet ist, verfiel zumeist Adornos Kritik. Aber der herrschaftskritische Differenzierungsgewinn, den seine geschichtsphilosophische Ästhetik ermöglicht, kann dafür entschädigen. Herrschaft konstituiert sich in kapitalistischen Gesellschaften durch die Stellung der Menschen im Produktionsprozess. Eigentümer:innen von Produktionsmitteln haben andere Möglichkeiten zur Selbstbestimmung als Menschen, die über keine andere Ware verfügen als über ihre Arbeitskraft, die sie den Eigentümer:innen der Produktionsmittel verkaufen müssen, um zu überleben. In den Künsten bekommt das Problem der Selbstbestimmung eine eigentümliche Gestalt. Dem Imperativ der ästhetischen Innovation folgend, nimmt Kunst Warenform an, um sich jedoch, gemäß ihren ästhetischen Formgesetzen, der Kommodifizierung zugleich auch zu entziehen. Sie protestiert durch ›ästhetische Distanzierung‹ (GS 7: 40). Der Fetischcharakter der Ware ist Adorno zufolge das Modell des Neuen in der Kunst (41).

In immer neuen diskursiven Kreisbewegungen wird in der *Ästhetischen Theorie* rekonstruiert, wie ästhetische Autonomie sich aus den sozialen, ursprünglich herrschaftlichen Funktionen von Kunstpraxis emanzipiert hat und wie sie, im Zuge dieser Emanzipation, sowohl Freiheit der Form realisiert als auch die Erwartung real verwirklichter Freiheit enttäuscht. Dabei halte sie der Freiheit aber gleichzeitig die Treue, indem sie ihr Formprinzip gegen jenen Funktionalisierungs- und Verwertungszwang verteidigt, dem sie ihre soziale Existenzberechtigung verdankt. Adorno sah in dieser Dialektik der ästhetischen Moderne den sachlichen Grund der Wiederkehr einer älteren ästhetischen Paradoxie: Kunstwerke sind gemacht, sollen aber gleichzeitig wie von selbst und um ihrer selbst willen da sein. Wenn ihnen ein Status des Gegenübers zugesprochen wird, der den Subjekten quasi gleichrangig ist, läge zwar eine Projektion vor, die von den rezipierenden Subjekten ausgehe, aber die Projektion sei zugleich auch eine Antizipation eines Zustands jenseits von Verdinglichung.

Nach den Bewegungen im 20. Jahrhundert (Avantgarde, Reihenkomposition, serielle Bildproduktion, Aleatorik, Informel, Happening, Fluxus, Performance und Minimalismus) sowie der Auflösung der Grenzen zwischen Betrachtenden und Werk in der Kunst der Postmoderne ist es fraglich geworden, ob die Konzepte der Entwicklung und des Werks der Bewegung der Künste noch adäquat sind. Wenn die Auflösung geholfen hat zu erkennen, dass ästhetische Autonomie nicht objektivistisch zu verstehen sei (Rebentisch 2006: 1), dann ist es nicht unbedingt ein Anzeichen des Autonomieverlusts einer kulturindustriell kolonisierten ästhetischen Sphäre, wenn die Grenzen zwischen Kunstwelt und ästhetisierter Lebenswelt verschwinden. Man kann argumentieren, dass die »modernistische Kritik« zwar auf der einen Seite »die sogenannte ›Einbeziehung‹ des Betrachters mit dessen Verfügung über das Objekt« (ebd.) gleichgesetzt hat. Doch mit dem Konzept demokratischer Partizipation der Betrachter:innen, die an die Stelle der Deutungshoheit von Expert:innen tritt, gehe auf der anderen Seite nicht notwendig einher, dass ästhetische Erfahrung gänzlich zur Facette eines kommodifizierenden Konsumismus herabgestuft würde. Aus dieser Sicht wären die ›Entgrenzungstendenzen‹ die neuste Stufe der Vermittlung, und der erweiterte Zugang zu ästhetischer Erfahrung eine soziale Errungenschaft, durch die Menschen in die Gestaltung ihrer Lebenswelt involviert werden. Aber selbst dann, würde ich sagen, sollte man mit Adorno auch weiterhin danach fragen, wie weit es im Kunstbetrieb bei aller Partizipation mit der Selbstbestimmtheit her ist. Es bleibt fraglich, ob dem radikalen Gedanken an das Projekt gesellschaftlicher Autonomie damit gedient ist, dass ästhetische Autonomie eine unendliche Reflexion bleibt.

Informelle Musik

Als Komponist war Adorno bis zum Ende des Zweiten Weltkriegs der frühen Avantgarde des 20. Jahrhunderts verpflichtet; als Musiktheoretiker hielt er ihr noch bis in die 1950er Jahre die Treue. Die freie Atonalität, eine moderne tönende Ausdruckssprache, habe sich zum Verfahren der Reihenkomposition mit zwölf Tönen verfestigt, welches die Ausdrucksfreiheit wieder beschnitt. Nichtsdestoweniger votierte Adorno in der *Philosophie der neuen Musik* für den ästhetischen Vorrang der radikalen Zwölftonmusik Schönbergs vor der expressiv eingängigeren Musiksprache Strawinskys, die er für im Kern reaktionär hielt. Musikalische Wahrheit erweise sich mit Blick auf die historischen Interessen der Menschheit. Solange diese in einer unfreien Gesellschaft blockiert würden, sei es Aufgabe der Komponist:innen, Entfremdung und Fremdbestimmung nicht durch einen Umgang mit dem musikalischen Material zu kaschieren, der dem Bedürfnis nach subjektivem Ausdruck- und Mitvollzug schmeichle. Solcher Umgang würde den Anschein erwecken, als sei es hier und jetzt schon möglich, aus der Unfreiheit auszubrechen (und sei es auch nur symbolisch).

Adorno war kein dogmatischer Avantgardist; er wollte den Bewegungen Rechnung tragen, mit denen sich in der Gegenwartskunst seiner Zeit Visuelles und Akustisches einander annähern. Sein Modell dafür war das, was er eine *musique informelle* nannte. In den 1950er Jahren rückte er nach und nach vom Kanon der klassischen Moderne ab, öffnete sein Ohr für elektronische Musik und trat dafür ein, spezifisch ästhetische Erfahrungen aus der Malerei des *Informel* in die Musik zu transponieren. »Informelle« Musik solle weder vom starren Methodenprimat beherrscht sein noch die angebliche Freiheit des unvordenklichen Augenblicks feiern. Nun ging es ihm um eine spannungsvolle Bewegung von Moment und Methode im einzelnen Werk, das durch und durch autonom ist, doch gerade dadurch auch gesellschaftliche Erfahrung ermöglicht, nämlich die Antizipation eines Zustands der Selbstbestimmung jenseits der Zwangsverhältnisse einer ›verwalteten Welt‹.

Adorno dachte an eine musikalische Sprache, die sich frei entfaltet, weil sie ihr Formgesetz nicht mehr nach vorgegebenen Regeln, sondern aus sich selbst heraus entwickelt. Das musikalische Geschehen solle nicht der Ordnung der Zwölftontechnik oder der des späteren seriellen Prinzip unterworfen werden. Gegen das »Ordnungsbedürfnis« des Konstruktivismus der 1950er Jahre plädierte er für radikal freie »Organisationsmöglichkeiten« (GS 16: 513) des Materials. »Verhältnisse zwischen unmittelbar und mittelbar Aufeinanderfolgendem – auch innerhalb der Simultankomplexe – wären herzustellen, die von sich aus Stringenz stiften.« (530) Das Subjekt »verbiegt nicht länger das Material, furniert es nicht mit willkürlichen Intentionen; aber die Akte, in denen das sich zuträgt, bleiben die des spontanen Gehörs« (538).

Auf der interessanteren jener beiden Adorno-Konferenzen, die im Jubiläumsjahr 2003 an der Frankfurter Universität veranstaltet wurden, hat Christoph Türcke ausgeführt, wie Adorno in den 1960er Jahren die ›Verselbständigung des Zwölftonschemas zur allgemeinen Kompositionsmethode‹ kritisierte (Türcke 2004: 261). Erst Recht hatte Adorno deren »Überbietung durch das serielle Verfahren« ins Visier genommen, »das nicht nur die Abfolge der Tonhöhe, sondern ebenso Stärke, Dauer und Klangfarbe der Töne regelt« (ebd.). Aus dieser historischen, unvermeidlichen »Sackgasse« (ebd.) sei aber nicht herauszukommen, indem man zur freien Atonalität zurückkehrt, die Adorno in den 1920er Jahren bei Alban Berg gelernt hatte. Nachdem der reale Aufbruch in gesellschaftliche und individuelle Freiheit gescheitert ist, könne der »›Musikstil der Freiheit‹« (N Abt. V, 1: 486) nicht wiederbelebt werden, als sei sein Versprechen niemals gebrochen worden. Wenn Freiheit auf (un)absehbare Zeit blockiert bleibe, sei die serielle Zwangsjacke, die das musikalische Material und die Ausdrucksgesten der Komponierenden einschränken, angemessener und in Adornos Sinne wahrer. Und doch gewahrte er allenthalben legitime Ausbruchsbewegungen aus dem formalistischen Zwang – legitim, denn, wie Türcke es ausdrückt: »Vollkommen durchkonstruierte Musik ist verwaltete Musik.« (Türcke 2004: 262) Ausbruchstendenzen gab es freilich nicht nur in der Musik, sondern auch in der bildenden Kunst, jener spontaneistischen *art informel*, die mit der Geste scheinbarer Formlosigkeit gegen die Dogmen von klassischer Abstraktion und Konstruktivismus anmalte und dabei das überlieferte Konzept des Bildes erschütterte.

Der Name jener europäischen, in den 1950er und 1960er Jahren in Deutschland viel beachteten Bewegung, resümiert der Kunsthistoriker Christoph Zuschlag, steht für »eine künstlerische Haltung, die die geometrische Abstraktion ebenso wie das klassische Form- und Kompositionsprinzip ablehnt und stattdessen eine weitgehend gegenstandsfreie, offene und prozessuale Bildform anstrebt«:

> »Das informelle Bild ist [...] nicht die Realisierung eines zuvor gefassten Planes, sondern es bleibt im Hinblick auf das bildnerische Endresultat offen – dieser Offenheit des Schaffensprozesses entspricht auf der Rezipientenseite die semantische Vieldeutbarkeit. Das Werk entsteht im Dialog des Künstlers mit seinen Gestaltungsmitteln durch einen Prozess von Agieren und Reagieren.« (Zuschlag 2010: 10)

Das war also die malerische Tendenz, von der Adorno Impulse für eine Erneuerung zeitgenössischer Musik erwartete. Gattungsübergreifend wurde die Entformung als produktives Überschreiten der Form-Aporien der Gegenwartskunst anvisiert. Bei Adorno geschah dies im Zusammenhang mit Überlegungen zur Möglichkeit oder Unmöglichkeit einer Individualform. Es ging um eine Befreiung des je Besonderen, Einzelnen, die sich in der künstlerischen Praxis als affekt- und impulsnaher *Ausdruck* manifestiert – die aber ohne Form, ohne Vermittlung mit einem Moment der rationalen *Konstruktion*, auch nicht frei sein kann. Adorno wollte den fortgeschrittenen Rationalisierungsprozess nicht verleugnen, denn dann wäre die künstlerische Artikulation in seinen Augen unwahr. Aber er wollte dem Rationalisierungsprozess in der ästhetischen Artikulation sein Zwanghaftes und Gewaltsames nehmen.

> »In einer musique informelle wären die heute entstellten Momente der Rationalisierung positiv aufzuheben. Das künstlerisch gänzlich Artikulierte allein ist das Bild eines Unverstümmelten und damit der Freiheit. [...] Musique informelle wäre eine, in der das Ohr dem Material lebendig anhört, was daraus geworden ist. Weil, was es

wurde, den Rationalisierungsprozeß als dessen Resultat einschließt, ist dieser bewahrt; zugleich aber wäre er, durch die Unwillkürlichkeit des subjektiven Reagierens, seiner Gewalttätigkeit entäußert.« (GS 16: 537f.)

Ästhetische und philosophische Rationalität

Adornos Verbindung von ästhetischen und sozialphilosophischen Kategorien wurde häufig missverstanden. Oftmals mit banausischem Gestus wie im Kontext der aktionistischen Strömungen der Studierendenbewegung, aber nicht selten auch mit hohem philosophischem Raffinement. So wurde Adorno unterstellt, er rede in der *Ästhetischen Theorie* einer Abdankung der philosophischen Rationalität das Wort. Doch Adorno hatte keineswegs dafür plädiert, dass ein mimetisches Sich-Überlassen an Kunstwerke den Platz kritischer Vernunft einnehmen solle. Rüdiger Bubner hat behauptet, Adornos kunstphilosophisches Projekt verfolge den vergeblichen Traum, Theorie Kunst werden zu lassen. Seine Philosophie, ein trotziger Versuch, Theorie zu ästhetisieren, missrate zur »ästhetische[n] Selbstverleugnung« der Begriffe und verzichte »auf die Reflexion, die offenbaren würde, daß Kunst als Erkenntnis sich eben nur dem philosophischen Auge preisgibt« (Bubner 1980: 133). Adorno zielte aber nicht darauf, seine Theorie ästhetisch werden zu lassen. Das kann man schon daran erkennen, dass er Ausdrücke wie ›Kunstphilosophie‹ oder ›Philosophie der Kunst‹ vermieden hat. Ruth Sonderegger hat bemerkt, dass er diese Termini vermied, weil er »das Naturschöne, welches gewöhnlich dem Kunstschönen entgegen gesetzt wird, als integralen Bestandteil der Kunst begreift« (Sonderegger 2019). Ähnlich abwegig wie Bubners Lesart, aber ebenso folgenreich, war die von Jürgen Habermas: »die ›Ästhetische Theorie‹ besiegelt […] die Abtretung der Erkenntnis-Kompetenzen an die Kunst. [...] Adorno zieht den theoretischen Anspruch ein: Negative Dialektik und Ästhetische Theorie können nur noch ›hilflos aufeinander verweisen‹.« (Habermas 1981 a: 514) »Absichtlich«, lautete Habermas' verständnisloses Fazit, »regrediert das philosophische Denken, im Schatten einer Philosophie, die sich überlebt hat, zur Gebärde« (516).

Die Adorno-Bilder von Bubner und Habermas sind Musterbeispiele für Kastrations- und Domestizierungsversuche durch Systematisierungszwang. Sie hatten in der akademischen Sphäre großen Einfluss. »Liest man solche Sätze heute«, schrieb Richard Klein, der verstorbene Herausgeber des *Adorno-Handbuchs*, dann »ist kaum mehr nachzuvollziehen, warum sie so lange Zeit als ›neue‹ Wahrheit über die ›alte‹ kritische Theorie gelten konnten« (R. Klein 2019: 557).

> »Adorno mag von Nietzsche gelernt haben, dass *bestimmte* Kunstwerke der Philosophie zuweilen mehr zu denken geben als das, was philosophisch an den Universitäten geschieht. [...] Nur: Dass daraus ein *generelles Privileg* von Kunst gegenüber Philosophie abzuleiten wäre, das sie dazu ermächtigt, eine Wahrheit auszusprechen, zu der die Philosophie keinen Zugang mehr hat, lässt sich sogar aus der *Ästhetischen Theorie* nirgendwo ableiten.«   (Ebd.)

Adornos Kritik am begrifflich-identifikatorischen Denken ist eine begriffliche. Grenzen und Unzulänglichkeiten der (Kunst-) Philosophie werden philosophisch bestimmt, damit Philosophie durch Selbstreflexion einen Schritt über die Herrschaft der Allgemeinbegriffe hinausgelangen kann. Adorno vollzog dieses Manöver im Bewusstsein, dass es ohne Allgemeinbegriffe nicht durchzuführen wäre. Zur Beschreibung des Besonderen, des Nicht-Identischen und des Unwiederholbaren führt nur die Reflexion ästhetischer Erfahrung im Medium des Begriffs. Sie sollte allerdings nicht durch Subsumtion des Besonderen unter das Allgemeine erfolgen. Stattdessen müsse sie konstellativ verfahren. Das Verfahren einer konstellativen Verflüssigung der Begriffe hat Adorno in seinem philosophischen Hauptwerk, der *Negativen Dialektik*, entwickelt.

Die Natur der Kunst: Ästhetische und soziale Erfahrung

Adornos Dialektik – ›rettende Kritik der Vernunft‹ oder ›bodenlose Vernunftskepsis‹?

In internationalen Fachdiskursen wird Adornos negativistische Philosophie stets aufs Neue gelesen und befragt. Kontrovers wird dabei seine ideengeschichtliche Stellung zum Poststrukturalismus, zur Postmoderne und zum Dekonstruktivismus diskutiert. Habermas hatte sich in den 1980er Jahren von Adorno abgegrenzt und ihm unterstellt, er habe, auf den Spuren von Nietzsche, den ethischen Normativismus verschmäht und den französischen Vernunftdefaitismus vorbereitet. Als Habermas 1980 in Frankfurt den Adorno-Preis in Empfang nahm, behauptete er in seiner Dankesrede, bei Adorno sei »die Moral einer Begründung nicht mehr fähig« (Habermas 1981c: 454). Die Vernunftkritik der kritischen Theorie habe aus den Aporien einer (im Sinne Max Webers rationalisierten) kulturellen und sozialen Moderne nicht mehr hinausgefunden. Diese Darstellung stimmte zwar nicht – aber im akademischen Bereich wurde sie zu einem wirkungsvollen Verdikt. In dem Artikel »Ethik der Kritischen Theorie« aus dem viel gelesenen Sammelband *Geschichte der neueren Ethik* zum Beispiel wird Adorno noch Jahre später ignoriert (Schreiber 1992; zur späteren Diskussion siehe Schmid Noerr 1999). Anders als Habermas begrüßte Albrecht Wellmer, der in den 1960ern als Assistent für Adorno gearbeitet hatte,

© Springer-Verlag GmbH Deutschland, ein Teil von Springer Nature 2021
G. Schweppenhäuser, *Adorno und die Folgen*, https://doi.org/10.1007/978-3-476-05822-5_9

Adornos vermeintliche Vorwegnahme der postmodernen Rationalitätsskepsis. Herbert Schnädelbach wiederum – er hatte in den 1960ern bei Adorno über Hegel promoviert – versuchte, die Elemente der *Negativen Dialektik*, die er für tauglich zu einer immanenten Kritik der Vernunft hielt, von denjenigen Elementen abzusondern, an die er nicht anknüpfen mochte.

Seit den 1990er Jahren setzen sich Lesarten durch, die solches Schubladendenken hinter sich lassen und wieder an Adornos dialektische Denkbewegung anschließen. Seine Kritik der Ursprungsphilosophie und des identifizierenden Denkens gelten heute als Vermächtnis eines Denkers, das nach wie vor als »anschlussfähig« gilt, wie man im akademischen Jargon so unschön sagt. Kontinuierlich werden philosophische Forschungsarbeiten über Adorno verfasst; mittlerweile deutlich mehr als über Horkheimer und Marcuse, die beiden anderen Mitbegründer der kritischen Theorie.

Unlängst schrieb Christian Thies, Philosophieprofessor in Passau: »Die akademisch-philosophische Diskussion über das Denken von Theodor W. Adorno ist seit mehreren Jahren abgeflaut. Denn zu den meisten der Themen, die uns heute bewegen, kann er wenig beitragen« (Thies 2018: 148). Offenbar hat Thies einiges verpasst – oder das Personalpronomen »wir« nicht korrekt verwendet (zur Adorno-Forschung bis 2018 siehe R. Klein 2019: 555–565). Axel Honneth hatte im Jahre 2003 konstatiert: »In der Philosophie und den Sozialwissenschaften scheint [...] gegenwärtig die Bereitschaft anzuwachsen, sich wieder mit Adornos Schriften auseinanderzusetzen« (Honneth 2003: 32f.). Der damalige Direktor des Frankfurter Instituts für Sozialforschung, der in den späten 1980er Jahren auf dem Gebiet der Philosophie noch einen Rückgang der Beschäftigung mit Adorno beobachtet hatte, war sich nicht sicher, ob die neue Rezeption mit »einem neu erwachten Bewusstsein für die zerstörerischen Effekte eines globalisierten Kapitalismus« zusammenhänge »oder auf innertheoretische Entwicklungen zurückzuführen« (ebd.) sei.

Fest steht: Die philosophische Adorno-Forschung hat sich seit den 1990er Jahren weltweit kontinuierlich intensiviert. Um nur einige von vielen Aktivitäten zu nennen: An der Universität Oldenburg gibt es seit Jahren eine Adorno-Forschungsstelle, die Stefan Müller-Doohm gegründet hat; dort wird unter anderem das renommierte *Adorno-Handbuch* herausgegeben, dessen zweite, erweiterte Auflage 2019 erschienen ist. An der Goethe-Universität gibt es die Institution der Frankfurter Adorno-Vorlesungen. Seit den 1990er Jahren haben Rodrigo Duarte und Jairo Escobar als Philosophieprofessoren in Brasilien und Kolumbien die dortige philosophische Forschung über Adorno und die kritische Theorie vorangetrieben. Duarte organisierte anlässlich des hundertsten Geburtstags von Adorno 2003 an der Fakultät für Philosophie und Humanwissenschaften der Universität des Bundestaates Minas Gerais in Belo Horizonte den größten und wirkungsvollsten Adorno-Kongress in Lateinamerika. Doktorand:innen von Duarte und von Escobar, der bis zu seinem Tod im Herbst 2017 an der Universidad de Antioquia in Medellìn lehrte, kommen Jahr für Jahr zu Forschungsaufenthalten nach Deutschland. 2016 veranstalteten Josef Früchtl und Johan F. Hartle an der Universität Amsterdam eine Konferenz unter dem Titel »Global Adorno«, und im Dezember 2019 fand an der Hochschule für Gestaltung und am Zentrum für Kunst und Medien in Karlsruhe, unter der Leitung von Hartle, eine internationale Konferenz über »Adorno und die Medien« statt. Hier wie dort trugen (vorwiegend junge) Expert:innen aus Europa, den USA und Kanada sowie aus Brasilien ihre Forschungsergebnisse auf den Gebieten der Philosophie und Medienwissenschaft vor. An der Lüneburger Universität hat Sven Kramer 2013 das »Forschungskolleg für kritische Theorie« gegründet; es bietet einen Gesprächs- und Debattenzusammenhang für Promovierende, deren Arbeit im Bereich der kritischen Theorie angesiedelt ist. Die Tagungen des Forschungskollegs finden, in Zusammenarbeit mit den Universitäten Kassel, Oldenburg und der Freien Universität Berlin, jährlich statt; Dissertationsprojekte über Adornos Philosophie spielen dabei stets eine wichtige Rolle. Aber auch in unakademischen, bisweilen anti-akademischen Diskursen werden philosophische Adorno-Lektüren zur Quelle geistiger Widerstands- und Glückserfahrungen, die sich zum Beispiel in den frühen Arbeiten von Wolfgang Pohrt und kürzlich in der schriftstellerisch brillanten Adorno-Biografie von Iris Dankemeyer manifestieren.

Ursprungsphilosophie, Vorrang des Objekts, Nichtidentität

Drei grundlegende Motive der Philosophie Adornos sind die Kritik der Ursprungsphilosophie, das Theorem vom »Vorrang des Objekts« und das Konzept des »Nichtidentischen«.

Die »Erbsünde der prima philosophia« besteht Adorno zufolge darin, dass die »Identität des Geistes mit sich selber«, die für folgerichtiges Denken unerlässlich ist, »auf die Sache projiziert« wird (GS 5: 18). Von Parmenides bis Heidegger habe Philosophie die ersten Gründe alles Seienden begrifflich bestimmt und daraus die Totalität des Erkennbaren deduziert. Dabei bleibe Erkenntnis jedoch eine Tautologie des Geistes, weil sie dessen Anderes – das Unwiederholbare, Materiell-Besondere, das sich der Identifikation mit dem Allgemeinen entzieht – nicht ins Medium des Begriffs hineinholen kann. Dem unwiederholbaren Einzelnen könne allein ein Denken gerecht werden, das den »Vorrang des Objekts« (GS 6: 184) anerkennt. Denken, das die qualitative Besonderheit der Gegenstände erschließen möchte, denen es sich widmet, komme also nicht darum herum zu erkennen, dass es in seinem ureigenen Medium nie ganz an jenes Besondere heranreichen kann. Aber wenn begriffliches Denken dessen eingedenk bleibt, könne es sich für das öffnen, was sich der abstraktiven Reduktion entzieht. Das ist die Denkfigur der *Negativen Dialektik*. Diese versteht unter einer Befreiung vom Identitätszwang freilich keine von den Unbequemlichkeiten folgerichtigen Denkens. Wenn Adorno vom »Nichtidentischen« spricht, macht er sich nicht zum Anwalt eines wilden Denkens. Jenes Konzept sei vielmehr der einzig gangbare Weg, um im philosophischen Denken »die eigene Identität der Sache gegen ihre Identifikationen« (164) zu begreifen. Dialektik dürfe weder bloß logische Methode der Darstellung bleiben noch ontologisch behaupten, sie würde den Entwicklungsgang einer realen Versöhnung daseiender Widersprüche, auf einer je höheren Stufe des Geistes, leisten. Das wäre, so Adorno, erzwungene Identität, die das Widersprüchliche der Wirklichkeit unter widerspruchsfreie begriffliche Aussagen subsumieren würde.

> »Um der Rettung der Idee von Versöhnung willen kehrt er die Dialektik gegen sie selber und läßt sie den Identitätszwang brechen, dem [...] sie unter der Herrschaft des begrifflichen Primats verfiel [...]. Am Systemzwang des Begriffs dechiffrierte er den zur totalen Vergesellschaftung, die, undurchschaut und naturwüchsig, die Aussöhnung von Besonderem und Allgemeinem schuldig bleiben muß.« (Schweppenhäuser 1971a: 80)

Und dies soll durch ein Verfahren des Denkens in *Konstellationen* erfolgen, das über die Beschränkungen der definierenden und identifizierenden Methoden des überlieferten Philosophierens hinaus zu gelangen vermag und den »Sachen«, also den Gegenständen der Reflexion, zu ihrem »Ausdruck« (GS 6: 62) verhelfen soll.

»Statt eine vollständige Einheit von Begriff und Sache
anzustreben, nähern sich die konstellierenden Denkpro-
zesse dem Verständnis der Sache in konzentrischen
Kreisbewegungen. Der Bedeutungsgehalt eines Phäno-
mens oder der Sache muss dadurch erschlossen werden,
dass die Begriffe in eine bewegliche Wechselbeziehung
gebracht werden, gleich einem kompositorischen Zusammenhang, der zwar kohärent ist, aber keine deduktive
Ordnung aufweist«.   (Müller-Doohm 2019: 8)

Adorno hat sein Konzept des Ausdrucks mit Hinweis auf den
Gegensatz zur Kategorie der Konstruktion erläutert. Jede ästhetische Artikulation balanciere zwischen dem rational-konstruk-
tiven Element, das zum Bereich der Formgebung, Komposition
und Gestaltung gehört, und einem expressiven Element. Dieses
gehe der Konstruktion teils voraus, und zum Teil entziehe es sich
ihr. Ausdruck ist demnach ein prä-rationales Moment im ästhetischen Geschehen, das mit Bedürftigkeit und Leiden zu tun hat.
Gedankliche Freiheit, sagt Adorno in der *Negativen Dialektik*, »folgt
dem Ausdrucksdrang des Subjekts. Das Bedürfnis, Leiden beredt
werden zu lassen, ist Bedingung aller Wahrheit. Denn Leiden ist
Objektivität, die auf dem Subjekt lastet; was es als sein Subjek-
tivstes erfährt, sein Ausdruck, ist objektiv vermittelt« (GS 6: 29).
Das Medium, in dem sich ein subjektives Widerfahrnis – das Er-
lebnis des Leidens und das Bedürfnis, es zu artikulieren – als
Ausdruck gleichsam objektiviert, ist, in einem weiten Sinne,
Sprache. Adornos Begriff der Sprache adressiert übrigens nicht
allein Menschen, sondern auch Tiere. In den Abschnitten seiner
Ästhetischen Theorie, die dem Problem des Naturschönen gewidmet
sind, wird auch die sogenannte unbelebte Natur mit einbezogen.
Dort bewegt sich Adorno auf den Spuren von Friedrich Schelling.
Für Schelling hatte die Stummheit der Naturdinge nicht das letzte
Wort (was auch daran deutlich wird, dass er »von der unbewuß-
ten Intelligenz der Natur spricht, die im Menschen reflektiert

wird«; Böhme 1988). – Im »Ausdruck« also, den es zu artikulieren gelte, sollen individuell-besondere Züge mit allgemeinen Strukturen verbunden werden, ohne jene unter diese zu subsumieren. Daher kann man sagen, dass Adorno den Bereich der begrifflichen Arbeit der Philosophie über das konstellative Verfahren mit den nicht-diskursiven Verfahren der Sprach- und Tonkünste verbindet.

> »In seinem philosophischen Umgang mit der Sprache kehrt [...] das Prinzip der Konstellation bzw. Konfiguration wieder, das in der dichterischen [Sprache] den individuellen Ausdruck mit begründet. Andererseits führen die Wörter selbst sowie die Konventionen ihres Gebrauchs eine begriffsartige Seite mit sich, die das unhintergehbare Allgemeine repräsentiert.« (Kramer 2019: 236)

Was ist ›negativ‹ an Adornos Dialektik?

Adornos *Negative Dialektik* kann als die wichtigste Schrift der neomarxistischen Philosophie im 20. Jahrhundert gelten. In einer vielgelesenen Studie über die Tendenzen des undogmatisch-marxistischen Denkens im 20. Jahrhundert hat der britische Historiker Perry Anderson die Besonderheiten von Adornos Variante dessen aufgezählt, was Anderson »westlichen Marxismus« nannte. Er betonte die Differenz zu der Marxlektüre, die in den 1950er und 1960er Jahren unter sozial- und kulturkritischen Denkern im deutschsprachigen Raum dominiert hat. Diese Lektüre kaprizierte sich auf die frühen philosophischen Schriften von Marx und zog daraus anthropologische, bisweilen theologisch inspirierte Impulse für ein Bild des von sozialer Entfremdung befreiten Menschen als ethisch-spirituell erneuertem, allseitig entfalteten Individuum, in dem sich das Wesen der Gattung endlich verwirklichen sollte. Für die ökonomische Strukturkritik der Spät- und Hauptschriften von Marx interessierte man sich weniger. Adorno dagegen, so Perry Anderson, wandte sich in seiner *Negativen Dialektik*

> »gegen die allgemeine Konzentration auf Entfremdung und Verdinglichung als eine modische Ideologie, die vor einer religiösen Indienstnahme nicht gefeit ist; gegen den Kult um die Schriften des jungen Marx auf Kosten des *Kapital* [und] gegen anthropozentrische Geschichtsauffassungen und die sie begleitende schwammige Rhetorik des Humanismus«. (Anderson 1978: 109)

Dialektik im philosophischen Verständnis ist mehr als eine rhetorische Strategie zur Darstellung gegensätzlicher Behauptungen. Sie reflektiert Gegensätze in den Sachen, die beobachtet und begrifflich (re-)konstruiert werden, und sie bringt diese Gegensätze in Begriffen zum Ausdruck. Nicht-dialektisches Denken ordnet Gegensätze und soziale Antagonismen dem Primat aussagenlogischer Widerspruchsfreiheit unter. Man kann nicht zugleich und in der derselben Hinsicht über etwas sagen, dass es »a« und »nicht a« ist, hatte Aristoteles gelehrt. Dialektisches Denken bestreitet das grundsätzlich nicht, aber es zeigt, dass der Teufel auch hier im Detail steckt. Denn was heißt »zugleich und in der derselben Hinsicht«? Ich kann sinnvollerweise nicht sagen, dass Sokrates als Person gleichzeitig lebt und tot ist. Aber ich kann sinnvollerweise sagen, dass ein Mensch aufgrund seiner Freiheit, einen Arbeitsvertrag zu unterzeichnen, in ein unfreies gesellschaftliches Ganzes integriert wird, was nur möglich ist, weil dieser Mensch grundsätzlich die Freiheit hat, seine Arbeitskraft zu verkaufen oder es bleiben zu lassen.

Dialektisches Denken versucht Gegensätze zu rekonstruieren, ohne sich in aussagenlogische Widersprüche zu verwickeln. Es stellt Gegensätze in der Sache so dar, dass Begriffe, Urteile

und Schlüsse sie angemessen nachzeichnen können. Als Real-
dialektik besteht sie aber auf der Annahme, dass Widersprüche
nicht nur Eigenschaften von Aussagen über Sachverhalte seien
können, sondern dass sich auch in den Sachverhalten selbst
Widersprüche manifestieren können. »Dialektik ist beides, eine
Methode des Denkens, aber auch mehr, nämlich eine bestimmte
Struktur der Sache« (N Abt. IV, 2: 9), betonte Adorno in einer
Frankfurter Vorlesung. In der *Negativen Dialektik* ist, zugespitzt,
davon die Rede, dass die soziale Revolution dort, wo sie gelun-
gen ist, zugleich misslang, indem sie eine zwanghafte gesellschaftliche Totalität errichtete.

Negative Dialektik versucht also, die geistige Erfahrung des
Widerspruchs im Sinne eines ›Vorrangs des Objekts‹ (GS 6:
184ff.) zur Geltung zu bringen. Philosophie habe sich vor allem
dafür interessiert, was sich begrifflich bestimmen lässt. Nun
gelte es, zu beachten, was sich der Bestimmung durch Begriffe
entzieht: das Nicht-Identische, Unwiederholbare, das Einzelne
und je Besondere. In seiner Frankfurter Vorlesung hat Adorno
sein Modell einer negativen Dialektik als »eine Dialektik nicht
der Identität sondern der *Nichtidentität*« charakterisiert:

> »Es handelt sich um den Entwurf einer Philosophie, die
> nicht den Begriff der Identität von Sein und Denken
> voraussetzt und auch nicht in ihm terminiert, sondern die
> [...] das Auseinanderweisen von Begriff und Sache, von
> Subjekt und Objekt, und ihre Unversöhntheit, artikulieren
> will. Wenn ich dabei den Ausdruck Dialektik gebrauche, so
> möchte ich Sie von vornherein bitten, dabei nicht an das
> berühmte Schema der Triplizität, also nicht an θέσις,
> ἀντίθεσις und σύνθεσις [These, Antithese und Synthese]
> im üblichen Sinn zu denken, – so wie man etwa in den
> äußerlichsten Darstellungen der Schule Dialektik erklärt
> bekommt. [...] Wenn ich also von Dialektik hier rede [...],
> dann meine ich [...] die Art, in der der Begriff, mit Hegel

zu reden, sich bewegt, nämlich auf sein Gegenteil, das Nichtbegriffliche, hin«. (N Abt. IV, 16: 15ff.)

Wenn Adorno diese Denkform »negativ« nennt, markiert er den logischen Gegensatz zur »Affirmation«, also zur Bestätigung. Die Dialektik der kritischen Theorie bestätigt nicht und ist nicht »positiv« wie die Hegels; sie verweist auf nichts, das in der Wirklichkeit gegeben oder gesetzt ist (der Wortsinn von *positivum*). Begreifen von Leiden und Unrecht ist zwar unverzichtbar, um es abzuschaffen, aber noch nicht deren wirkliche Überwindung. Eine ›negative‹ Dialektik erinnert insofern also auch im moralischen Sinne an Negatives, das bestehen bleibt.

Marc Nicolas Sommer hat in der *Zeitschrift für kritische Theorie* minutiös herausgearbeitet, wie die spekulative Dialektik bei Hegel der »Überwindung der Nichtidentität« dient, während sie in Adornos negativ-materialistischer Version »die scheinhafte Identität von Subjekt und Objekt« zerstört, »hinter der erst die Nichtidentität hervortritt« (Sommer 2011, 140; siehe auch Sommer 2015). Und für Tilo Wesche besteht die »Stärke« von Adornos negativer Dialektik darin, »dass sie Widersprüche beschreiben kann, die von der Identitätsphilosophie bestritten werden müssen«; daher dürfe ihr zugetraut werden, »mehr Phänomene erklären und ein reicheres Bild der Welt zeichnen zu können als andere Theorien« (Wesche 2018: 60).

Ein weiteres Motiv, das in der Wirkungsgeschichte bis heute eine Rolle spielt, ist die philosophische Stellung des kritischen Materialismus zur Metaphysik. Adorno nannte diese von ihm entwickelte Haltung eine, die »solidarisch mit Metaphysik im Augenblick ihres Sturzes« (GS 6: 400) sei. Unter Metaphysik verstand er ein Denken, das dem Seienden einen Sinn unterstellt. Dies habe in der Regel ideologische Folgen, sofern jener Sinn nicht nur unterstellt, sondern untergeschoben wird. Auf der Grundlage dieser Kritik an falschen Sinn-›Hypostasierungen‹ kritisierte Adorno die philosophische Tradition, die besagt, dass Metaphysik grundsätzlich »nach dem wahren Sein« frage: »dem Ewigen, sich selbst Gleichbleibenden, Beharrenden« (Adorno 1962/63: 165). Aber er kritisierte auch die Destruktion der Metaphysik, die von Saint-Simon, Comte und Nietzsche vertreten wurde. Adornos eigener Lesart zufolge wäre es sinnvoll, jenes Denken Metaphysik zu nennen, »das sich mit dem in der Erfahrung Gegebenen, Tatsächlichen nicht zufrieden gibt«: ein Denken also, »für das vielmehr der Unterschied zwischen Erscheinung und Wesen einen entscheidenden Akzent trägt« (162). Metaphysik wäre dann, im Sinne Hegels, »das Denken, das da lehrt, daß das Wesen erscheinen muß, und sich damit beschäftigt, wie es erscheint« (163). Metaphysik stelle dem wissenschaftlichen Empirismus der Fakten »ein prinzipiell Anderes gegenüber, ohne aber von diesem Anderen zu behaupten, es sei, wie die Theologien es von ihren Gottheiten zu tun pflegen. [...] Das, was ist, ist diesem Denken nicht genug, aber dem, was mehr ist, als bloß zu sein, spricht es nicht selber zu, daß es ist« (ebd.). Denn: »*Der Blick, der am Phänomen mehr gewahrt, als es bloß ist, und einzig dadurch faßt, was es ist, säkularisiert die Metaphysik.*« (N Abt. IV, 16: 181)

Doch auch Hegels Philosophie »mit ihrem Versuch, eben doch das Nichtidentische zu begreifen, wenn auch *identifizierend* zu begreifen«, ist Adorno zufolge »nicht zu retten«:

> »Der Anspruch der Identität von Sein und Denken [...] ist unrettbar [...]. Wenn die Welt [...] vom Geist durchherrscht, ja vom Geist hervorgebracht wäre, dann besagte das [...], daß die Welt in ihrer daseienden Gestalt selber sinnvoll wäre. Eben das: daß also die Welt, wie man so sagt, einen Sinn habe, läßt sich angesichts dessen, was wir in unserer geschichtlichen Periode erfahren haben, schlechterdings nicht mehr behaupten.«
>
> (N Abt. IV, 16: 90)

Adorno hat Herrschaftskritik zu einer Fundamentalkritik der Endlichkeit und des Todes zugespitzt. In diesem Sinne wäre die metaphysische Idee der Auferstehung nicht lediglich ein Stück säkularisierter Theologie, sondern Impuls für historisch-kritische Praxis. Dieser Impuls ist in Motiven aus der Metaphysik (und aus der negativen Theologie) besser vor dem Vergessen geschützt als in philosophischen Diskursen, die ihn als irrationalen Restbestand deklarieren, über den fortschreitende Aufklärung – zu Recht – hinweggehe.

»Die negative Dialektik rechtfertigt die Metaphysik aus ihrem Scheitern«, referiert Christoph Menke: »Indem ihre positiven Einlösungen absoluter Ansprüche unglaubwürdig werden, tritt diejenige Erfahrung hervor, aus der die Metaphysik ihr unvergängliches Recht gewinnt.«

(Menke 1991: 256)

Alfred Schmidt, der bei Horkheimer und Adorno über Marx promoviert hat, beschreibt Adornos kritisches Anknüpfen an diese Tradition so:

»Für Adorno hatte der Metaphysikbegriff nicht einfach abgedankt. Wenn Metaphysik die Verklärung des Bestehenden ist, eine falsche Sinngebung oder Überwölbung der elenden Wirklichkeit durch ›höhere Werte‹, dann war er ihr unnachgiebigster Kritiker. Aber er läßt [...] ›Metaphysisches‹ gelten in der Erfahrung des Todes.«

(Schmidt 1991: 42)

Adorno will das »Wissen um den Tod« und »die Betrachtung des Leidens und der Noth des Lebens«, die, Schopenhauer zufolge, »Anstoß [...] zu metaphysischen Auslegungen der Welt« (Schopenhauer 1819: 187) sind, im Sinne einer Fundamentalkritik der Negativität gesellschaftlichen Lebens zur »Resistenzkraft« (N

Abt. IV, 14: 211) gegen das Unabwendbare machen. Das Abwendbare sollte sich hinter dem Rücken des Unabwendbaren nicht zu sicher fühlen. Ein philosophisches Denken, welches Fragen nach Substanz und Wahrheit für obsolet hält und dem die Thesen affirmativer Metaphysik über Seele und Unsterblichkeit ein für alle Mal als überwunden gelten, weil sie theoretisch unhaltbar sind – ein solches Denken hat in Adornos Augen kapituliert. Denn es beugt sich der Übermacht einer Einrichtung der Welt, in der man sich jeder Hoffnung zu entschlagen habe, doch noch in der Immanenz geschichtlich-gesellschaftlichen Lebens etwas von jener überschreitenden Verheißung zu verwirklichen, die einzig im Medium jener unhaltbaren Ideen in die Immanenz hineinzuleuchten vermag; wenn auch nur als schwacher Schimmer. Mit der kontrafaktischen Weigerung, dem Tod das letzte Wort zu überlassen, scheine »ein kleines Moment des Nicht-in-den-blinden-Zusammenhang-Hineingeschlungenen« (ebd.) auf. Oder, wie Adorno in seiner Lesart von Mahlers *Lied von der Erde* formuliert hat: »Daß keine Metaphysik möglich sei, wird zur letzten.« (GS 13: 297) Damit protestiert Adorno nicht gegen die Natur, sondern gegen eine Sozialität, die uns daran hindert, alles dagegen zu tun, dass das Leben für die Meisten noch immer vergebliche Mühe bleibt.

Einige Jahre nach dem Erscheinen der *Negativen Dialektik* begann sich der Triumphzug der analytischen Philosophie, die zu Adornos Zeiten den angelsächsischen Sprachraum dominierte, auch im deutschen fortzusetzen. Sozialkritische und dialektische Methoden gelten ihr als veraltet, ihr geht es weniger um die Gegenstände des Denkens als um seine sprachliche Form. Sprach Manfred Frank vom »Gespenst eines Weltsiegs der analytischen Philosophie« (Frank 2015), sah Axel Honneth gleichwohl Chancen für ein Gespräch zwischen Dialektikern und Analytikern: »Innerhalb der Philosophie hat […] die pragmatische und hermeneutische Wende der analytischen Tradition zum Abbau der Barrieren beigetragen, die einer Rezeption des Werkes von Adorno entgegenstanden« (Honneth 2003: 33). Im deutschen Sprachraum wurden allerdings auch schon früher Blicke über den Zaun geworfen; so etwa, als der Frankfurter Analytiker Hans Radermacher (1980) distanziert, aber respektvoll beschrieb, wie sich die Rezeption der geschichtsphilosophischen Grundannahmen von Horkheimer, Adorno, Benjamin und Marcuse seit den 1930er Jahren gleichsam durch gedankliches Zellwachstum und gedankliche Zellteilung ausbreiteten. Für verheißungsvoller als die Hoffnung auf Dialogbereitschaft halte ich es aber, dass sich philosophische Debatten der Gegenwart wieder verstärkt für Ansätze interessieren, die dort mit der Arbeit beginnen, wo die analytische Philosophie endet. Somit auch für Adornos Thema in der *Negativen Dialektik*: für eine Betrachtung der sozialen und historisch-praktischen Dimensionen der Begriffe; für eine Untersuchung von deren Widersprüchen im Lichte des Nachdenkens über Möglichkeiten der Freisetzung eines vernünftigen gesellschaftlichen Allgemeinen, in dem das Besondere nicht mehr unter die abstrakt-konkrete Identität eines heteronomen Vergesellschaftungsprinzips subsumiert würde.

Adornos Dialektik – ›rettende Kritik der Vernunft‹ oder ›bodenlose Vernunftskepsis?‹

Nachbemerkung und Dank

Anfang August 1969 schien nicht nur im Schweizer Kanton Wallis die Sonne; auch in Dänemark herrschte strahlender Sonnenschein. Die Mittagsstunde eines Ferientags an der Westküste Jütlands ist mir seltsam genau in Erinnerung geblieben. Ich komme vom Spiel in den Dünen zum Sommerhaus zurück und sehe den Rest der Familie zusammenstehen. Der Papa muss nach Deutschland zurückfahren, heißt es, nach Frankfurt. Adorno ist gestorben, eben ist ein Telegramm gekommen.

Mir war Adorno nicht persönlich bekannt. Als meine Eltern mit ihren Kindern im Gepäck von Frankfurt nach Norddeutschland gezogen waren, konnte ich noch nicht sprechen, habe also auch keine Erinnerungen an etwaige Begegnungen. Unwahrscheinlich, dass es überhaupt welche gab. Ein drolliges Glückwunschtelegramm anlässlich meiner Geburt ist überliefert, aber nichts, was auf direkten Kontakt schließen lässt. Adorno hatte manchmal auf meine ältere Schwester aufgepasst, wenn meine Eltern im Institut zu tun hatte; einen Säugling wollten sie ihm nicht zumuten. Wären wir in Frankfurt geblieben: Wie wären wohl meine späteren Gespräche mit den Eltern, mit Rolf Tiedemann, Christoph Türcke, Wolfgang Pohrt, Günther Mensching

© Springer-Verlag GmbH Deutschland, ein Teil von Springer Nature 2021
G. Schweppenhäuser, *Adorno und die Folgen*, https://doi.org/10.1007/978-3-476-05822-5

und Herbert Schnädelbach verlaufen? Wäre das vorliegende Buch besser geworden? Hätte ich es überhaupt geschrieben?

Müßige Fragen. Fest steht hingegen, dass bei der Arbeit am Buch wieder einmal Freunde halfen. Für ein ebenso strenges wie inspirierendes Lektorat danke ich Sven Kramer sowie Olaf Meixner, Thomas Friedrich und Franziska Remeika. Dirk Stederoth, Roger Behrens und Martin Niederauer ließen mich an ihrem Wissen über populäre Musik teilhaben. Katrin Greiser und Christina Schweppenhäuser gestatteten (wie stets) viele Stunden häuslichen Rückzugs und erduldeten klaglos Phasen der Geistesabwesenheit. Dank geht, last but not least, an Michael Schwarz und Oliver Kunisch für das Umschlagbild; es zeigt den Ausschnitt eines Farb-Dias aus Adornos Nachlass, das in der Zeit seiner Emigration aufgenommen worden ist.

Nachbemerkung und Dank

Literatur

Adorno wird mit Sigle, Bandnummer und Seitenzahl nach folgenden Ausgaben zitiert:

GS: Theodor W. Adorno, Gesammelte Schriften, Bd. 1–20, hg. v. R. Tiedemann et al., Frankfurt/M. 1970–1986.

N: Theodor W. Adorno, Nachgelassene Schriften, hg. vom Theodor W. Adorno Archiv, Frankfurt/M., Frankfurt/M. 1993–2010 und Berlin 2010ff.

Adorno, Theodor W. (1943–1969): »Graeculus (II). Notizen zu Philosophie und Gesellschaft 1943–1969«, in: *Frankfurter Adorno Blätter VIII*, hg. v. R. Tiedemann, München 2003, 9–41.

Adorno, Theodor W. (1950): *Studien zum autoritären Charakter* (Ausgewählte Kapitel aus The Authoritarian Personality und eine Inhaltsanalyse faschistischer Propaganda, hg. vom Institut für Sozialforschung an der Johann Wolfgang Goethe Universität Frankfurt am Main), Frankfurt/M. 1980.

G. Schweppenhäuser, *Adorno und die Folgen*, https://doi.org/10.1007/978-3-476-05822-5

Adorno, Theodor W. (1962/63): *Philosophische Terminologie. Zur Einleitung*, Bd. 2, hg. v. R. zur Lippe, Frankfurt/M. 1974.

Adorno, Theodor W. (1969): »Erziehung zur Mündigkeit«, in: Ders., *Erziehung zur Mündigkeit. Vorträge und Gespräche mit Hellmut Becker 1959 – 1969*, hg. v. G. Kadelbach, Frankfurt/M., 140–155.

Adorno, Theodor W. (2021 a): *Schein – Form – Subjekt – Prozeß-charakter – Kunstwerk. Textkritische Edition der letzten bekannten Überarbeitung des III. Kapitels der ›Kapitel-Ästhetik‹*, 2 Bd. (Ts 17893–18673), hg. v. M. Endres, A. Pichler und C. Zittel, Berlin.

Adorno, Theodor W. (2021 b): »Über populäre Musik«, in: *Zeitschrift für kritische Theorie*, 27. Jg., Heft 52–53, 11–54 (Übers.: Andrea Kampmann, Bernd Enders u. Hartmuth Kinzler).

Adorno, Theodor W. und Ulrich Sonnemann (1957–1969): »Briefwechsel 1957–1969«, herausgegeben und kommentiert von Martin Mettin und Tobias Heinze, in: *Zeitschrift für kritische Theorie*, 25. Jg., Heft 48–49, 2019, 167–222.

Albrecht, Clemens, et al. (1999): *Die intellektuelle Gründung der Bundesrepublik. Eine Wirkungsgeschichte der Frankfurter Schule*, Frankfurt/M., New York.

Anderson, Perry (1978): *Über den westlichen Marxismus*, Frankfurt/M.

Assheuer, Thomas (2014): *Tragik der Freiheit. Von Remscheid nach Ithaka. Radikalisierte Sprachkritik bei Botho Strauß*, Bielefeld.

Augstein, Franziska (2019): »Politische Kollateralschäden«, in: *Süddeutsche Zeitung*, 4.8.2019 (online).

Baudelaire, Charles (1859): »Die Reise«, in: Ders., *Sämtliche Werke/Briefe*, Bd. 3, hg. v. F. Kemp und C. Pichois, München Wien 1989, 329–339.

Becker-Schmidt, Regina (1999): »Soziale Ungleichheit und Identitätspolitik. Eine Kontroverse zwischen feministischem Pragmatismus und Kritischer Theorie«, in: *Zeitschrift für kritische Theorie*, 5. Jg., Heft 9, 89–102.

Benicke, Jens (2016): *Autorität und Charakter*, Wiesbaden.

Benjamin, Walter (1936): »Das Kunstwerk im Zeitalter seiner technischen Reproduzierbarkeit«, in: Ders.: Ges. Schriften, hg. v. R. Tiedemann und H. Schweppenhäuser, Bd. VII.1, Frankfurt/M. 1989, 350–384.

Benjamin, Walter (1940): »Über den Begriff der Geschichte«, in: Ders.: Ges. Schriften, hg. v. R. Tiedemann und H. Schweppenhäuser, Bd. I.2, Frankfurt/M. 1974, 691–704.

Berendt, Joachim-Ernst (1953): »Für und wider den Jazz«, in: *Merkur. Deutsche Zeitschrift für europäisches Denken*, Nr. 67, 7. Jahrgang, 9. Heft, Stuttgart, 887–890 (online).

Bergem, Wolfgang (2019): »›Identität‹ in politischer Kultur, Demokratietheorie und der Identitären Bewegung«, in: *Politische Kulturforschung reloaded. Neue Theorien, Methoden und Ergebnisse*, hg. v. W. Bergem, et al., Bielefeld, 249–271.

Bergmann, Joachim, et al. (1971): »Nach dem Tode Theodor W. Adornos. Eine Erklärung seiner Schüler in Frankfurt«, in: *Theodor W. Adorno zum Gedächtnis. Eine Sammlung*, hg. v. H. Schweppenhäuser, Frankfurt/M., 22–25.

Bertram, Georg W. (2016): *Kunst. Eine philosophische Einführung*, 3. Aufl., Stuttgart.

Bock, Wolfgang (2018): *Dialektische Psychologie. Adornos Rezeption der Psychoanalyse*, Wiesbaden.

Brand, Ulrich und Markus Wissen (2017): *Imperiale Lebensweise. Zur Ausbeutung von Mensch und Natur im globalen Kapitalismus*, München.

Brandt, Lothar (2013): »Mit größter Vehemenz: Der Mahler-Dirigent Georg Solti«, http://www.kulturzentrum-toblach.eu/.

Böhme, Gernot (2016): *Ästhetischer Kapitalismus*, Frankfurt/M.

Böhme, Hartmut (1988): »Denn nichts ist ohne Zeichen. Die Sprache der Natur: Unwiederbringlich?«, in: Ders., *Natur und Subjekt*, Frankfurt/M. (online, ohne Paginierung)

Braunstein, Dirk (2016): *Adornos Kritik der politischen Ökonomie*, 2. Aufl., Bielefeld.

Bubner, Rüdiger (1980): »Kann Theorie ästhetisch werden? Zum Hauptmotiv der Philosophie Adornos«, in: *Materialien zur Ästhetischen Theorie Theodor W. Adornos*, hg. v. B. Lindner und W. M. Lüdke, Frankfurt/M., 108–137.

Büsser, Martin (2002): *Antipop*, Mainz.

Burghardt, Daniel (2020): »Marxismus«, in: *Handbuch Bildungs- und Erziehungsphilosophie*, hg. v. G. Weiß und J. Zirfas, Wiesbaden, 431–442.

Claussen, Detlev (2003): *Theodor W. Adorno. Ein letztes Genie*, Frankfurt/M.

Czollek, Max (2018): »Positiven Nationalismus gibt es nicht«, Interview in *Der Standard*, 30.12. 2018 (online).

Czollek, Max (2020): »Die bürgerliche Mitte hat dem völkischen Denken nichts entgegenzusetzen«, Interview in: *konkret*, 8/2020, 16–17.

Dankemeyer, Iris (2020): *Die Erotik des Ohrs. Musikalische Erfahrung und Emanzipation nach Adorno*, Berlin.

Eagleton, Terry (1993): *Ideologie. Eine Einführung*, Stuttgart/ Weimar.

Eichel, Christine (1993): *Vom Ermatten der Avantgarde zur Vernetzung der Künste. Perspektiven einer interdisziplinären Ästhetik im Spätwerk Theodor W. Adornos*, Frankfurt/M.

Enzensberger, Hans Magnus (1959): »Die Steine der Freiheit«, zitiert nach dem Auszug in Kiedaisch 1995, 73–76.

Evers, Ferdinand (2021): »Wissenschaft in der Lieferkette«, in: *Frankfurter Allgemeine Zeitung*, 8.2.2021 (online).

Feige, Daniel Martin (2018): »Das Altern der Musikphilosophie Adornos?«, in: *Musik & Ästhetik*, Heft 2, April, 101–108.

Feige, Daniel Martin (2018 a): »Videospiele im Spannungsfeld von Kunst und Kulturindustrie«, in: *»Kulturindustrie«: Theoretische Annäherungen an einen populären Begriff*, hg. v.

M. Niederauer und G. Schweppenhäuser, Wiesbaden, 201–219.

Frank, Manfred (2015): »Hegel wohnt hier nicht mehr«, in: *Frankfurter Allgemeine Zeitung*, 24.09.2015 (online).

Früchtl, Josef (1986): *Mimesis. Konstellationen eines Zentralbegriffs bei Adorno*, Würzburg.

Gielen, Michael (2010): »Musik ist immer politisch, in: *Der Tagesspiegel*, 4.5.2010 (online).

Goethe, Johann Wolfgang (1832): *Faust. Der Tragödie zweiter Teil*, in: Ders., *Werke. Hamburger Ausgabe in 14 Bd.*, hg. v. E. Trunz, Bd. III, München 1981, 146–364.

Goetz, Rainald (1981): »Im Dickicht des Lebendigen«, in: *Der Spiegel*, Heft 43/1981, 232–239 (online).

Grass, Günter (1990): »Schreiben nach Auschwitz. Frankfurter Poetik-Vorlesung«, zitiert nach dem Auszug in Kiedaisch 1995, 139–144.

Greenberg, Clement (1939): »Avantgarde und Kitsch«, zitiert nach dem Auszug in: *Kitsch. Texte und Theorien*, hg. v. U. Dettmar und T. Küpper, Stuttgart 2007, 203–212.

Groß, Pola (2020): *Adornos Lächeln. Das »Glück am Ästhetischen« in seinen literatur- und kulturtheoretischen Essays*, Berlin, Boston.

Gruschka, Andreas (1994): *Bürgerliche Kälte und Pädagogik. Moral in Gesellschaft und Erziehung*, Wetzlar.

Haag, Karl Heinz (1960): *Kritik der neueren Ontologie*, in: Ders., *Kritische Philosophie. Abhandlungen und Aufsätze*, München 2012, 7–93.

Habermas, Jürgen (1969): »Theodor W. Adorno wäre am 11. September 66 Jahre alt geworden«, in: *Theodor W. Adorno zum Gedächtnis. Eine Sammlung*, hg. v. H. Schweppenhäuser, Frankfurt/M., 26–38.

Habermas, Jürgen (1981 a): *Theorie des kommunikativen Handelns*, Bd. 1: *Handlungsrationalität und gesellschaftliche Rationalisierung*, Frankfurt/M.

Habermas, Jürgen (1981 b): *Theorie des kommunikativen Handelns*, Bd. 2: *Zur Kritik der funktionalistischen Vernunft*, Frankfurt/M.

Habermas, Jürgen (1981 c): »Die Moderne – ein unvollendetes Projekt«, in: Ders., *Kleine politische Schriften (I-IV)*, Frankfurt/M., 444–464.

Haffner, Sebastian (1978): *Anmerkungen zu Hitler*, München.

Handke, Peter (1975): *Falsche Bewegung*, Frankfurt/M.

Hegel, Georg Wilhelm Friedrich (1842): *Vorlesungen über die Ästhetik*, in: Ders., Werke in zwanzig Bänden, hg. v. E. Moldenhauer und K. M. Michel, Bd. 13–15, Frankfurt/M. 1970.

Honneth, Axel (2003): » Kapriolen der Wirkungsgeschichte. Tendenzen einer Reaktualisierung Adornos«, in: *Forschung Frankfurt*, Heft 3–4/2003, 32–36.

Honneth, Axel (2006): »Traditionelle und Kritischen Theorie«, in: *Schlüsseltexte der kritischen Theorie*, hg. v. A. Honneth et al., Wiesbaden, 229–232.

Horkheimer, Max (1937): »Traditionelle und kritische Theorie«, in: Ders.: Gesammelte Schriften, Bd. 4, hg. v. A. Schmidt, Frankfurt/M. 1988, 162–216.

Horkheimer, Max (1939), »Die Juden und Europa«, in: Ders.: Gesammelte Schriften, Bd. 4, hg. v. A. Schmidt, Frankfurt/M. 1988, 308–331.

Horkheimer, Max (1947): *Zur Kritik der instrumentellen Vernunft*, in: Ders., Gesammelte Schriften, Bd. 6, hg. v. A. Schmidt, Frankfurt/M. 1991, 19–186.

Horkheimer, Max (1956): »Diskussion über Theorie und Praxis«, in: Ders., Gesammelte Schriften, Bd. 19, hg. v. G. Schmid Noerr, Frankfurt/M. 1996, 32–72.

Jameson, Fredric (1992): *Spätmarxismus. Adorno oder Die Beharrlichkeit der Dialektik*, Hamburg.

Jaeggi, Rahel (2009): »Was ist Ideologiekritik?«, in: *Was ist Kritik?*, hg. v. R. Jaeggi und T. Wesche, Frankfurt/M., 266–295.

Johannes, Rolf (1995): »Das ausgesparte Zentrum. Adornos Verhältnis zur Ökonomie«, in: *Soziologie im Spätkapitalismus. Zur Gesellschaftstheorie Theodor W. Adornos*, hg. v. G. Schweppenhäuser, Darmstadt, 41–67.

Kaiser, Joachim (2003): »Der musische Philosoph«, in: *Focus Magazin* Nr. 33 (online).

Keppler, Angelika (2019): »Ambivalenzen der Kulturindustrie«, in: *Adorno Handbuch. Leben – Werk – Wirkung*, hg. v. R. Klein, J. Kreuzer und S. Müller-Doohm, Berlin, 307–315.

Kiedaisch, Petra, Hg. (1995): *Lyrik nach Auschwitz? Adorno und die Dichter*, Stuttgart.

Kirchhoff, Christine (2020): »Gefühlsbefreiung-by-Proxy. Zur Aktualität des autoritären Charakters«, in: *konkret* Heft 3, 2020, 44–46.

Klaue, Magnus (2020): »Stammbaumforschung. Märchen, Kind und Tier in Adornos ›Minima Moralia‹«, in: *Zeitschrift für kritische Theorie*, 26. Jg., Heft 50-51, 207–223.

Klein, Dieter (2019): *Zukunft oder Ende des Kapitalismus? Eine kritische Diskursanalyse in turbulenten Zeiten*, Hamburg.

Klein, Richard (2019): »Deutschland II: Philosophie plus politische Resonanz«, in: *Adorno-Handbuch. Leben – Werk – Wirkung*, hg. v. R. Klein, J. Kreuzer und S. Müller-Doohm, Berlin, 554–568.

Knapp, Gudrun-Axeli (2012): *Im Widerstreit. Feministische Theorie in Bewegung*, Wiesbaden.

Knobloch, Clemens (2006): »Vom Menschenrecht zur Markenware«, in: *Freitag. Die Ost-West-Wochenzeitung*, 7.7.2006 (online).

Knopf, Jan, Hg. (2020): *Brecht-Handbuch, Bd. 3: Prosa, Filme, Drehbücher*, Stuttgart, Weimar.

Kößler, Reinhart (2013): »Kapitalismus und Moderne«, in: *Peripherie*, 33. Jg., Nr. 130/131, 149–178.

Kracher, Veronika (2020): »Der Q«, in: konkret, 8/2020, 34–35.

Kramer, Sven (1999): »›Wahr sind die Sätze als Impuls ...‹. Begriffsarbeit und sprachliche Darstellung in Adornos Reflexion auf Auschwitz«, in: Ders., *Auschwitz im Widerstreit. Zur Darstellung der Shoah in Film, Philosophie und Literatur*, Wiesbaden, 235–245.

Kramer, Sven (2010): »Theodor W. Adorno«, Vortrag an der Bucerius Law School im Rahmen der gemeinsamen Veranstaltungsreihe »Fluchtpunkte. Zu Tradition und Aktualität deutsch-jüdischer Kultur« der Bucerius Law School, der Katholischen Akademie Hamburg und der Jüdischen Gemeinde in Hamburg, 27. Januar 2010, unveröffentl. Manuskript, 14 S.

Kramer, Sven (2019): »Lyrik und Gesellschaft«, in: *Adorno-Handbuch – Leben – Werk – Wirkung*, hg. v. R. Klein, J. Kreuzer und S. Müller-Doohm, Berlin, 235–245.

Laurin, Stefan (2020): »Verfahren in Magdeburg«, in: *Jüdische Allgemeine*, 16.7.2020 (online).

Lenk, Kurt (1994): *Rechts, wo die Mitte ist. Studien zur Ideologie. Rechtsextremismus, Nationalsozialismus, Konservatismus*, Baden-Baden.

Lessenich, Stephan (2016): *Neben uns die Sintflut. Die Externalisierungsgesellschaft und ihre Praxis*, München.

Löwenthal, Leo (1934): »Autorität in der bürgerlichen Gesellschaft. Ein Entwurf«, in: Ders., Schriften, Bd. 3: *Zur politischen Psychologie des Autoritarismus*, Frankfurt/M. 1982, 239–333.

Lukács, Georg (1954): *Die Zerstörung der Vernunft, Bd. 1: Irrationalismus zwischen den Revolutionen*, Darmstadt und Neuwied 1983.

Lukács, Georg (1962): »Vorwort«, in: Ders., *Theorie des Romans. Ein geschichtsphilosophischer Versuch über die Formen der großen Epik*, Darmstadt und Neuwied 1982, 5–17.

Literatur

Luxemburg, Rosa (1916): *Die Krise der Sozialdemokratie* [Die »Junius«-Broschüre] (online).

Mann, Mann (1947): *Doktor Faustus. Das Leben des deutschen Tonsetzers Adrian Leverkühn, erzählt von einem Freunde*, Frankfurt/M. 2013.

Marcuse, Herbert (1964): *Der eindimensionale Mensch. Studien zur Ideologie der fortgeschrittenen Industriegesellschaft*, in: Ders., Schriften, Bd. 7, Springe 2004.

Marino, Stefano (2019): *La verità del non-vero. Tre studi su Adorno, teoria critica ed estetica*, Milano-Udine.

Marx, Karl (1867): *Das Kapital. Kritik der politischen Ökonomie, Erster Band*, Frankfurt/M. 1968.

Marx, Karl (1894): *Das Kapital. Kritik der politischen Ökonomie, Dritter Band*, Frankfurt/M. 1968.

Massing, Otwin (1970): *Adorno und die Folgen. Über das »hermetische Prinzip« der Kritischen Theorie*, Neuwied und Berlin.

Mengeringhaus, Maximilian (o.J.): » Kritische Theorie als Stille Post« [Rezension des Buches *Das Diktum Adornos. Adaptionen und Poetiken. Rekonstruktion einer Debatte* von Wolfgang Johann, Würzburg 2018] (online).

Menke, Christoph (1991): *Die Souveränität der Kunst. Ästhetische Erfahrung nach Adorno und Derrida.* Frankfurt/M.

Metscher, Thomas (1976): »Faust und die Ökonomie«, in: *Aufsätze zu Goethes ›Faust II‹*, hg. v. W. Keller, Darmstadt 1991, 278–289.

Müller-Doohm, Stefan (2003): *Adorno. Eine Biographie*, Frankfurt/M.

Müller-Doohm, Stefan (2007): *Adorno-Portraits. Erinnerungen von Zeitgenossen*, Frankfurt/M.

Müller-Doohm, Stefan (2018): »Die Macht des Banalen. Zur Analyse der Kulturindustrie«, in: »Kulturindustrie«: Theoretische Annäherungen an einen populären Begriff, hg. v. M. Niederauer und G. Schweppenhäuser, Wiesbaden, 29–50.

Müller-Doohm, Stefan (2019): »Versuch eines Porträts«, in: *Adorno-Handbuch – Leben – Werk – Wirkung*, hg. v. R. Klein, J. Kreuzer und S. Müller-Doohm, Berlin, 3–11.

Morgan, Alun (1955): »Liner Notes from Re-Issue of Jimmy Giuffre, *Tangents in Jazz*«, CD

Neander, Joachim (1998): »Walser: Auschwitz nicht mißbrauchen«, in: *Die Welt*, 12.10.1998 (online).

Niederauer, Martin (2017): »Zur wissenschaftlichen Kritik an Adornos Jazztheorie«, in: *Zeitschrift für kritische Theorie*, 23. Jg., Heft 44–55, 246–263.

Nietzsche, Friedrich (1884): Nachgelassene Fragmente. Sommer–Herbst 1884, in: Ders., Sämtliche Werke. Kritische Studienausgabe, hg. v. G. Colli und M. Montinari, Bd. 11, München 1980, 151–296.

Paddison, Max (1997): *Adorno's aesthetics of music*, Cambridge.

Paddison, Max (2018): »Der kritisierte Kritiker. Adorno und die populäre Musik«, in: *»Kulturindustrie«: Theoretische Annäherungen an einen populären Begriff*, hg. v. M. Niederauer und G. Schweppenhäuser, Wiesbaden, 137–157.

Paetzold, Heinz (1974): *Neomarxistische Ästhetik II: Adorno – Marcuse*, Düsseldorf.

Picht, Georg (1971): »Atonale Philosophie«, in: *Theodor W. Adorno zum Gedächtnis. Eine Sammlung*, hg. v. H. Schweppenhäuser, Frankfurt/M. 1971, 124–128.

Pohrt, Wolfgang (1991): *Der Weg zur inneren Einheit. Elemente des Massenbewußtseins BRD 1991*, Hamburg.

Pollock, Friedrich (1933): »Bemerkungen zur Wirtschaftskrise«, in: *Zeitschrift für Sozialforschung*, 2. Jg., 231–354.

Radermacher, Hans (1980): »Kritische Theorie und Geschichte«, in: *Die Negative Dialektik Adornos. Einführung – Dialog*, hg. v. J. Naeher, Opladen 1984, 130–159.

194

Rantis, Konstantinos (2018): »Adornos Theorie der Kulturindustrie. Eine kritische Bewertung in Zeiten kapitalistischer Globalisierung«, in: »Kulturindustrie«: Theoretische
Annäherungen an einen populären Begriff, hg. v. M. Niederauer
und G. Schweppenhäuser, Wiesbaden, 87–104.

Rebentisch, Juliane (2006): »Autonomie? Autonomie! Ästhetische Erfahrung heute«, in: Ästhetische Erfahrung: Gegenstände,
Konzepte, Geschichtlichkeit, hg. vom Sonderforschungsbereich
626, Berlin (online).

Resch, Christine, und Steinert, Heinz (2003): »Kulturindustrie: Konflikte um die Produktionsmittel der gebildeten
Klasse«, in: Modelle kritischer Gesellschaftstheorie. Traditionen
und Perspektiven der Kritischen Theorie, hg. v. A. Demirovic,
Stuttgart, Weimar, 312–339.

Rhein, Katharina (2019): Erziehung nach Auschwitz in der Mi-
grationsgesellschaft. Nationalismus, Rassismus und Antisemitismus
als Herausforderungen für die Pädagogik, Weinheim, Basel.

Rose, Gilian (1978): The Melancholy Science. An Introduction to the
Thought of Theodor W. Adorno, London.

Salzborn, Samuel (2019): »War da was? Die deutsche Politik
verharmlost den Antisemitismus. Ein Gastbeitrag nach
dem Terroranschlag von Halle«, in: die tageszeitung,
5.12.2019 (online).

Scheible, Hartmut (2009): »Tarnung. Adorno Kritiken 1933«,
in: Frankfurter Allgemeine Zeitung, 8.4.2009 (online).

Schildt, Axel (2020): Medien-Intellektuelle in der Bundesrepublik, hg. v. G. Kandzora und D. Siegfried, Göttingen.

Schiller, Hans-Ernst (2017): Freud-Kritik von links. Bloch, Fromm,
Adorno, Horkheimer, Marcuse, Springe.

Schiller, Hans-Ernst (2019): »Adorno, Theodor W.«, in:
socialnet. Das Netz für die Sozialwirtschaft, Lexikon, (online).

Schiller, Hans-Ernst (2020): Hegels objektive Vernunft. Kritik der
Versöhnung, Springe.

Schmid Noerr, Gunzelin (1999): »Kritik der Ethik in moralischer Absicht. Anläßlich neuerer Versuche, Adornos Ethik zu rekonstruieren«, in: *Allgemeine Zeitschrift für Philosophie*, 24. Jg., Heft 1, 69–80.

Schmidt, Alfred (1991): »Materialismus als nachmetaphysisches und metaphysisches Denken«, in: *Geist gegen den Zeitgeist. Erinnern an Adorno*, hg. v. J. Früchtl und M. Calloni, Frankfurt/M., 33–46.

Schmied-Kowarzik, Wolfdietrich (1999): *Denken aus geschichtlicher Verantwortung. Wegbahnungen zur praktischen Philosophie*, Würzburg.

Schopenhauer, Arthur (1819): Die Welt als Wille und Vorstellung. Zweiter Band, 1. Teilband, in: Ders.: *Werke in zehn Bänden*, Bd. III, Zürich 1977.

Schreiber, Hans-Peter (1992): »Ethik der kritischen Theorie«, in: *Geschichte der neueren Ethik, Bd. 2: Gegenwart*, hg. v. A. Pieper, Tübingen, 194–209.

Schulze Wessel, Julia, und Lars Rensmann (2003): »Radikalisierung oder ›Verschwinden‹ der Judenfeindschaft? Arendts und Adornos Theorien des modernen Antisemitismus«, in: *Arendt und Adorno*, hg. v. D. Auer et al., Frankfurt/M., 97–129.

Schwarz, Michael (2011): »»Er redet leicht, schreibt schwer‹. Theodor W. Adorno am Mikrophon«, in: *Zeithistorische Forschungen/Studies in Contemporary History* 8, 286–294.

Schweppenhäuser, Gerhard (1999): »Das Beiherspielende. Metaphysischer Versuch über die Wesensmerkmale eines nichterklärten Krieges«, in: *Neues Deutschland*, 16.4.1999 (online).

Schweppenhäuser, Gerhard (2021): »Zettels Trauma. Zur Dokumentation von Adornos Arbeit an der ›Ästhetischen Theorie‹«, in: *Zeitschrift für kritische Theorie*, 27. Jg., Heft 52–53, 215–241.

Schweppenhäuser, Hermann (1957/58): *Studien über die
Heidegger'sche Sprachtheorie*, in: Ders., Ges. Schriften, Bd. 1,
Berlin 2019, 41–133.

Schweppenhäuser, Hermann (1971): Hg., *Theodor W. Adorno
zum Gedächtnis. Eine Sammlung*, Frankfurt/M.

Schweppenhäuser, Hermann (1971 a): »Kritik und Rettung«,
in: *Theodor W. Adorno zum Gedächtnis. Eine Sammlung*, hg. v. H.
Schweppenhäuser, Frankfurt/M. 1971, 76–81.

Seeßlen, Georg (2020): »Culture canceled«, in: *konkret*, 9/2020,
46–49.

Siebeck, Cornelia (2017): »Dies- und jenseits des Erinnerungs-
konsenses. Kritik der postnationalsozialistischen Selbst-
vergewisserung«, in: *Aus Politik und Zeitgeschichte* 42–43/2017
(online).

Sommer, Marc Nicolas (2011): »Die Differenz in der Vermittlung. Adorno und die Hegel'sche Dialektik«, in: *Zeitschrift
für kritische Theorie*, 17. Jg., Heft 32–33, 136–154.

Sommer, Marc Nicolas (2015): »Was ist kritische Theorie?
Prolegomena zu einer negativen Dialektik«, in: *Zeitschrift für
kritische Theorie*, 21. Jg., Heft 40–41, 164–185.

Sonderegger, Ruth (2016): »Kritisieren statt klassifizieren.
Adornos Kaleidoskop«, in: *Ästhetische Aufklärung. Kunst und
Kritik in der Theorie Theodor W. Adornos*, hg. v. M. Grimm und
M. Niederauer, Weinheim und Basel, 18–35.

Sonderegger, Ruth – (2019): »Zu Adornos ästhetischer
Theorie« (online).

Sonderegger, Ruth (2019 a): »Ästhetische Theorie«, in: *Adorno-
Handbuch. Leben – Werk – Wirkung*, hg. v. R. Klein, J. Kreuzer
und S. Müller-Doohm, Berlin, S. 521–533.

Sonderegger, Ruth (2020): »Eine keineswegs verpasste Begeg-
nung. Zu Fred Motens Auseinandersetzung mit Theodor
W. Adorno«, in: *Zeitschrift für kritische Theorie*, 26. Jg., Heft
50-51, 80–108.

Sonnemann, Ulrich (1971): »Erkenntnis als Widerstand. Adornos Absage an Aktionsgebärden und ihr Ertrag für die Kriterien von Praxis«, in: *Theodor W. Adorno zum Gedächtnis. Eine Sammlung*, hg. v. H. Schweppenhäuser, Frankfurt/M. 1971, 150–176.

Sonnemann, Ulrich (1998): »Das Ödipale an den Achtundsechzigern. Wie ihr Scheitern an seinen Beengungen zugleich seines an seiner mythischen Partitur war (für den patrizidalen Part reichte es, desto unbehelligter überlebte die Sphinx)«, in: *Frankfurter Schule und Studentenbewegung. Von der Flaschenpost zum Molotowcocktail. 1946–1995*, hg. v. W. Kraushaar, Hamburg, Bd. 3, 239–266.

Stederoth, Dirk (2016): »Eingemessene Bildung. Zur Humankapitalisierung der Bildung und ihrer totalen Verwaltung«, in: *Zeitschrift für kritische Theorie*, 22. Jg., Heft 42–43, 8–32.

Steinert, Heinz (2003): »Kulturindustrie ist alles«. Interview in: *Jungle World*, 10.9.2003 (online).

Strauß, Botho (1981): *Paare, Passanten*, München.

Strauß, Botho (1993): *Der Aufstand gegen die säkulare Welt. Bemerkungen zu einer Ästhetik der Anwesenheit*, München.

Süß, Dietmar (2020): »Die Firma«, in: *Süddeutsche Zeitung*, 6.11.2020 (online).

Tiedemann, Rolf (2011): »Lehrjahre mit Adorno«, in: Ders., *Adorno und Benjamin noch einmal. Erinnerungen, Begleitworte, Polemiken*, München, 15–59.

Tiedemann, Rolf (2014): *Abenteuer anschauender Vernunft. Ein Essay über die Philosophie Goethes*, München.

Thies, Christian (2018): *Philosophische Anthropologie auf neuen Wegen*, Weilerswist.

Trunz, Erich (1981): »Anmerkungen« zu Goethe, *Faust. Der Tragödie zweiter Teil*, in: Johann Wolfgang Goethe, *Werke*, Hamburger Ausgabe, hg. v. E. Trunz, Bd. 3, München, 537–640.

Literatur

Türcke, Christoph (1994): »Kritische Theorie und Eigensinn«, in: *In memoriam Ulrich Sonnemann. Vorträge und Beiträge zur akademischen Trauerfeier Kassel – Juli 1993*, hg. v. H. Eidam und W. Schmied-Kowarzik, Kassel, 35–48.

Türcke, Christoph (2004): »›Informel‹ nach Adorno«, in: *Die Lebendigkeit der kritischen Gesellschaftstheorie. Dokumentation der Arbeitstagung aus Anlass des 100. Geburtstags von Theodor W. Adorno. Johann Wolfgang Goethe-Universität*, Frankfurt/Main, 4–6. Juli 2003, hg. v. A. Gruschka und U. Oevermann, Wetzlar, 255–266.

Türcke, Christoph (2012): »Der Ernstfall des Vibrato«, in: Musik & Ästhetik, 16. Jg., Heft 62, 18–25.

Umrath, Barbara (2019): *Geschlecht, Familie, Sexualität. Die Entwicklung der Kritischen Theorie aus der Perspektive sozialwissenschaftlicher Geschlechterforschung*, Frankfurt/M., New York.

Vogt, Jürgen (2019): »Musikpädagogik nach 1945«, in: *Adorno-Handbuch. Leben – Werk – Wirkung*, hg. v. R. Klein, J. Kreuzer und S. Müller-Doohm, Berlin, 187–193.

Wachsmann, Christiane (2018): *Vom Bauhaus beflügelt. Menschen und Ideen an der Hochschule für Gestaltung Ulm*, Stuttgart.

Wallat, Hendrik (2020): »Historisierung der Kritischen Theorie? Rezensionsessay zu Breuer, Stefan: *Kritische Theorie. Schlüsselbegriffe, Kontroversen, Grenzen*, Tübingen 2016«, Rote Ruhr Uni (online).

Weber, Max (1919): »Wissenschaft als Beruf«, in: Ders., *Gesammelte Aufsätze zur Wissenschaftslehre*, hg. v. J. Winkelmann, Tübingen 1988, 582–613.

Wesche, Tilo (2018): *Adorno. Eine philosophische Einführung*, Ditzingen.

Winkler, Willi (2014): »Die Verschwörung«, in: *Süddeutsche Zeitung*, 31.03.2021, S. 9.

Zeit, Die (2014): »Hat Georg Picht recht behalten?«, in: *Die Zeit*, 20.01.2014 (online).

Zimmermann, Harro (2007): »Von Metzgern und Schöngeistern. Über das Gedicht *Adornos Zunge* von Günther Grass«, in: *Adorno-Portraits. Erinnerungen von Zeitgenossen*, hg. v. S. Müller-Doohm, Frankfurt/M., 290–307.

Zuschlag, Christoph (2010): »Zur Kunst des Informel«, in: *Informel. Zeichnung, Plastik, Malerei*, hg. v. H.-J. Schwalm et al., Bönen 2010, 9–17 und 161–165 (online).

Literatur

Ihr kostenloses eBook

Vielen Dank für den Kauf dieses Buches. Sie haben die Möglichkeit, das eBook zu diesem Titel kostenlos zu nutzen. Das eBook können Sie dauerhaft in Ihrem persönlichen, digitalen Bücherregal auf **springer.com** speichern, oder es auf Ihren PC/Tablet/eReader herunterladen.

1. Gehen Sie auf **www.springer.com** und loggen Sie sich ein. Falls Sie noch kein Kundenkonto haben, registrieren Sie sich bitte auf der Webseite.
2. Geben Sie die eISBN (siehe unten) in das Suchfeld ein und klicken Sie auf den angezeigten Titel. Legen Sie im nächsten Schritt das eBook über **eBook kaufen** in Ihren Warenkorb. Klicken Sie auf **Warenkorb und zur Kasse gehen**.
3. Geben Sie in das Feld **Coupon/Token** Ihren persönlichen Coupon ein, den Sie unten auf dieser Seite finden. Der Coupon wird vom System erkannt und der Preis auf 0,00 Euro reduziert.
4. Klicken Sie auf **Weiter zur Anmeldung**. Geben Sie Ihre Adressdaten ein und klicken Sie auf **Details speichern und fortfahren**.
5. Klicken Sie nun auf **kostenfrei bestellen**.
6. Sie können das eBook nun auf der Bestätigungsseite herunterladen und auf einem Gerät Ihrer Wahl lesen. Das eBook bleibt dauerhaft in Ihrem digitalen Bücherregal gespeichert. Zudem können Sie das eBook zu jedem späteren Zeitpunkt über Ihr Bücherregal herunterladen. Das Bücherregal erreichen Sie, wenn Sie im oberen Teil der Webseite auf Ihren Namen klicken und dort **Mein Bücherregal** auswählen.

EBOOK INSIDE

eISBN 978-3-476-05822-5
Ihr persönlicher Coupon yPvYGfwi6N2njmG

Sollte der Coupon fehlen oder nicht funktionieren, senden Sie uns bitte eine E-Mail mit dem Betreff: **eBook inside** an **customerservice@springer.com**.